Schmutztitel

Leerseite

Karlheinz Lipp

CHRONOLOGIE DER FRIEDENSINITIATIVEN IN DEN BEIDEN DEUTSCHEN STAATEN VON 1945 BIS 1955

Impressum

Bibliografische Information der Deutschen Nationalbibliothek:
Die Deutsche Nationalbibliothek verzeichnet diese Publikation in der Deutschen Nationalbibliografie;
detaillierte bibliografische Daten sind im Internet über http://dnb.dnb.de abrufbar.

© 2021 Karlheinz Lipp

Herstellung und Verlag: BoD – Books on Demand, Norderstedt

ISBN: 978-3-7526-0856-4

Inhaltsverzeichnis

Einleitung

Ein wichtiges Kennzeichen des Kalten Krieges bildete das bipolare Weltbild. Die reale oder vermeintliche Angst vor der Sowjetunion prägte die Innen- und Außenpolitik der USA und ihrer Verbündeten. Der Name des republikanischen Senators Joseph McCarthy wurde zum Inbegriff für die politische Hysterie des Kalten Krieges und die Verfolgungen von kritischen Personen in den USA.

Dass die Sowjetunion mit ca. 28 Millionen Toten (überwiegend der Zivilbevölkerung) die meisten Opfer des Zweiten Weltkrieges zu beklagen hatte, spielte im Westen kaum eine Rolle. Ferner hinkten die UdSSR und ihre Verbündeten finanziell und wirtschaftlich deutlich hinter dem Westen her. Auch hinsichtlich der konventionellen und atomaren Rüstung zeigte der Ostblock stets einen Rückstand, der immer erst aufgeholt werden musste. Zeitliche Unterschiede gab es auch bei der Bildung der militärischen Bündnissysteme. So wurde die NATO schon 1949 gegründet, der Warschauer Pakt erst 1955.

Zu Recht kritisierten westliche Staaten die antidemokratischen Strukturen sowie Verstöße gegen die Menschenrechte im Ostblock. Gleichzeitig zeigte der Westen jedoch eine doppelte Moral und hatte keine Skrupel mit Diktaturen in Spanien (Franco), Portugal (Salazar) und Griechenland (Obristen) zusammenzuarbeiten – um nur drei Beispiele aus Europa zu nennen. Der Antikommunismus dieser genannten Staaten stellte hier das entscheidende Merkmal dar – wo aber blieben die vermeintlich westlichen Werte wie Demokratie sowie Menschenrechte und deren politische Umsetzung?

Die vielfältigen Ansätze der Friedensbewegungen wurden seitens der Regierung der Bundesrepublik als kommunistisch diffamiert. Das sog. „Blitzgesetz" des Jahres 1951 richtete sich zunächst und primär gegen die KPD. Es zeigte sich jedoch bald, dass kritische Stimmen gegen die Wiederbewaffnung und die Regierung Adenauer mit Kommunisten gleichgesetzt und als „nützliche Idioten" oder „Agenten Moskaus" negativ etikettiert wurden.

Die westdeutsche Justiz leitete im Zeitraum von 1949 bis 1968 ca. 125.000 Verfahren gegen Kommunisten und politische Gegner ein. Durch langwierige Prozesse, Hausdurchsuchungen, Verhaftungen, Kündigungen und Überwachungen durch den Verfassungsschutz erfolgte eine

Kriminalisierung der Friedensbewegung. Innenpolitisch lassen sich mit Angst und Drohgebärden, die aus der Zeit des Nationalsozialismus bestens bekannt waren, vor einem Kommunismus Menschen beeinflussen und Wahlen gewinnen. Die Friedenskonzeptionen in Westdeutschland in den Jahren 1945 bis 1955 sahen ein geeintes Deutschland ohne Militär vor. Eine ernst gemeinte Prüfung dieser Überlegungen unterblieb.

Konrad Adenauer, der erste Kanzler der Bundesrepublik traf die Entscheidung für die Wiederbewaffnung überwiegend allein Ende 1949. Dieses Ziel verfolgten die USA ebenso. Angeblich gab es hierzu keine Alternative. In der gerade gegründeten Bundesrepublik sahen dies viele Menschen anders, zumal der Zweite Weltkrieg und das verbrecherische NS-Regime noch sehr lebendig waren. Diese Gegnerschaft zum Krieg, zum Militär und zur Aufrüstung schuf die Basis für die Friedensbewegungen. Gegen diese Mehrheit der Bevölkerung setzte Adenauer seine Politik der Remilitarisierung durch. Der Wunsch nach materiellem Wohlstand im Land des langsam einsetzenden Wirtschaftswunders bekam für die Wählerinnen und

Wähler einen zunehmend wichtigeren Stellenwert als die vielen Proteste gegen die Wiederbewaffnung. Mit der neu geschaffenen Bundeswehr wollte Adenauer auch eine gewisse Souveränität im internationalen Rahmen für die noch junge Bundesrepublik erreichen.

Eine lebendige, kontroverse Diskussion über die Frage einer Wiederbewaffnung konnte sich in der SBZ/DDR von 1945 bis 1955 nicht entwickeln. Der SED-Staat blockierte dies erfolgreich. Öffentliche Meinungsäußerungen wurden untersagt und eine Vielfalt an Medien gab es nicht. Vom Staat unabhängige Friedensorganisationen waren nicht erlaubt oder wurden bald verboten, so etwa die Deutsche Friedensgesellschaft. Gleichwohl konnten sich partiell und regional militärkritische Stimmen, oft in Kombination mit einer großen Distanz zum Staat Gehör verschaffen, so etwa der Eisenberger Kreis und der studentische Protest an der Universität Greifswald gegen die Umwandlung der medizinischen in eine militärmedizinische Fakultät. Im Jahr des republikweiten Aufstandes des Jahres 1953 stieg die Zahl der Desertionen in der Kasernierten Volkspartei als Vorläuferin der Nationalen Volksarmee deutlich an.

Vielfalt der Friedensansätze – Vielfalt der Aktionsformen

Hinsichtlich des Friedensengagements lassen sich sehr unterschiedliche Motive erkennen:

- ein prinzipieller Pazifismus
- eine Betonung der Gewaltfreiheit bei der Lösung von innen- und außenpolitischen Konflikten und Krisen
- eine Ablehnung von Krieg und Aufrüstung – auch und besonders aufgrund der Erfahrungen mit der aggressiven Politik des Nationalsozialismus und dem daraus resultierenden Zweiten Weltkrieg mit den katastrophalen Folgen
- ein Antimilitarismus in der Tradition der Arbeiterbewegung
- eine Kritik am Kapitalismus
- ein Standpunkt, wonach die Wiederbewaffnung der Bundesrepublik eine Westintegration dieses deutschen Staates beschleunigt und damit eine Wiedervereinigung der beiden deutschen Staaten verhindert
- einen christlich (nicht unbedingt kirchlich) geprägten Friedensbegriff
- ein Friedensengagement in der SBZ/DDR in einer Kombination mit der Kritik an der Macht der SED

Als vielfältig müssen auch die Aktionsformen angesehen werden:

- Massendemonstrationen, Kundgebungen und Fackelzüge
- Erklärungen, Resolutionen, Offene Briefe, Denkschriften und Flugblätter
- Tagungen und Kongresse
- Kriegsdienstverweigerungen und Desertionen
- Meinungsumfragen
- Fahrrad-, Auto- und Motorradkorsos
- Streiks
- Prozesse
- Verweigerung von Hafenarbeitern, Ladungen mit Munition zu löschen
- Landungen und Besetzungen der zu dieser Zeit unbewohnten Insel Helgoland, um dadurch gegen das Bombodrom der britischen Royal Air Force zu demonstrieren
- Aktionen zur Verhinderung des Einbaus von Sprengschächten

Nach der Etablierung der Bundeswehr und der Nationalen Volksarmee – zehn Jahre nach dem Ende des Zweiten Weltkrieges, der von Deutschland ausging – setzten die verschiedenen Friedensbewegungen ihr Engagement fort, und zwar gegen die atomare Aufrüstung. Es entstand ferner eine neue Aktionsform, die Ostermärsche.

Eine neutrale Position, die von Teilen der Friedensbewegungen angestrebt wurde, setzte sich nicht durch bzw. wurde blockiert. Anders gestaltete sich dies in der Republik Österreich, dem dritten Nachfolgestaat des NS-Regimes. Der Staatsvertrag von 1955 sieht eine neutrale Position zwischen den beiden Machtblöcken vor.

Diese Chronik erhebt keinen Anspruch auf Vollständigkeit, bietet aber einen aussagekräftigen Querschnitt der vielfältigen Friedensinitiativen. Der Schwerpunkt liegt dabei auf jenen Personen, Gruppen und Organisationen, die sich von 1945 bis 1955 friedenspolitisch engagiert haben.

Im Mittelpunkt steht die Kritik am Kurs der Remilitarisierung, die von der Regierung Adenauer betrieben wurde. Daneben finden auch andere friedenspolitische Aktivitäten ihre Berücksichtigung, sodass deutlich wird, dass in dem Jahrzehnt nach 1945 nicht geringe Teile der westdeutschen Bevölkerung dem Regierungskurs, dem Kalten Krieg und den Atomwaffen sehr skeptisch gegenüber standen. Überdies zeigen die Ereignisse der Proteste ein höchst lebendiges Bild der Gesellschaft jener Jahre.

Neben bekannten Personen der Zeitgeschichte, Naturwissenschaften und Kultur, gilt der Blick auch den eher unbekannten Frauen und Männern sowie ihren friedenspolitischen Aktivitäten im Alltag. Berücksichtigt wird auch die Situation in der SBZ/DDR, wenngleich das Hauptgewicht auf der BRD liegt.

Auch das Verzeichnis der Quellen und Literatur (in Auswahl) folgt dem Prinzip der Vielfalt – und regt an, sich lokal und regional mit den Friedensbewegungen zu beschäftigen.

Mein besonders herzlicher Dank für das Layout gilt Jürgen Walther.

1945

8. Mai

Ende des Zweiten Weltkriegs in Europa und Befreiung vom Nationalsozialismus.

12. Juni

Premiere von Bertolt Brechts *Furcht und Elend des Dritten Reiches* in New York.

15. Juni

Vollständige Entwaffnung der Bevölkerung der SBZ.

26. Juni

Verabschiedung der Charta der Vereinten Nationen.

16. Juli

Der erste Test einer US-Atombombe.

17. Juli – 2. August

Potsdamer Konferenz.

25./26. Juli

Verbot des Tragens militärischer Uniformen in der SBZ.

6. und 9. August

Abwurf einer US-amerikanischen Atombombe (Grundsubstanz: Uran) auf Hiroshima und einer weiteren Atombombe (Grundsubstanz: Plutonium) auf Nagasaki.

15. September

Der Befehl Nr. 50 der Sowjetischen Militäradministration sieht die Entnazifizierung und Demilitarisierung der Universitäten vor.

16. September

Konfiskation nationalsozialistischer und militaristischer Literatur in der SBZ.

Herbst

Aufzeichnungen des Physikers Carl Friedrich von Weizsäcker über die Schuld der Physiker am Atomtod (erstmals veröffentlicht im Jahre 1981).

Theodor Plievier veröffentlicht seinen Antikriegsroman *Stalingrad* (Erstveröffentlichung in einer Moskauer Exilzeitschrift 1944).

November

Forderung Albert Einsteins nach einer Weltregierung aufgrund der Erfahrungen mit der Atombombe.

20. November

Beginn der Nürnberger Prozesse gegen deutsche Kriegsverbrecher.

21. November

Die DEUTSCHE FRIEDENSGESELLSCHAFT erhält als erste politische Organisation eine Lizenz für die gesamte britische Zone.

30. November

Verbot der militärischen Schulung, Verbot aller Organisationen, die direkt oder indirekt militärische Tätigkeiten vorbereiten und Verbot des Tragens von Partei- und Militäruniformen sowie von nationalsozialistischen und militärischen Begrüßungsformen durch den Alliierten Kontrollrat.

17. Dezember

Wiedergründung der DEUTSCHEN FRIEDENSGESELLSCHAFT (Gründung 1892 durch Bertha von Suttner und Alfred Hermann Fried) in Hamburg.

20. Dezember

Der Alliierte Kontrollrates sieht die Bestrafung von Personen vor, die sich der Kriegsverbrechen, Verbrechen gegen den Frieden oder Verbrechen gegen die Menschlichkeit schuldig machen.

1946

7. Januar

Vollständige Entwaffnung der deutschen Bevölkerung per Befehl des Alliierten Kontrollrates.

März

Der INTERNATIONALE VERSÖHNUNGSBUND (Leitung: Pfarrer Wilhelm Mensching) tritt wieder an die Öffentlichkeit.

30. März

Eröffnung der außerordentlichen und konstituierenden Bundestagung der DEUTSCHEN FRIEDENSGESELLSCHAFT in Hannover durch Fritz Küster.

10. April

Verbot militärischer Bauten in Deutschland durch den Alliierten Kontrollrat.

30. Juni

Bei einem Volksentscheid in Sachsen stimmen 77,6 % für die entschädigungslose Enteignung der Großbetriebe von Nationalsozialisten und Kriegsverbrechern.

1. Juli

Auf dem Bikini-Atoll zünden die USA die erste Atombombe nach dem Zweiten Weltkrieg.

20. August

Auflösung der Wehrmacht durch den Alliierten Kontrollrat. Ferner werden alle Organisationen ehemaliger Kriegsteilnehmer sowie Vereinigungen, die die militärische Tradition fortführen, aufgelöst und eine Neugründung jeglicher Art verboten.

September

Lizenzierung der DEUTSCHEN FRIEDENSGESELLSCHAFT in Baden und Württemberg.

6. September

In seiner Rede in Stuttgart deutet der US-Außenminister Byrnes die Einbindung Westdeutschlands in den Westblock an.

15. September

In Frankfurt am Main findet eine Kundgebung gegen Faschismus und Reaktion in der Justiz statt, organisiert von der DEUTSCHEN FRIEDENSGESELLSCHAFT, dem FRANKFURTER

FRAUENAUSSCHUSS sowie der KOMMISSION FÜR POLITISCH, RASSISCH UND RELIGIÖS VERFOLGTE.

Herbst

Max Frischs *Nun singen sie wieder* wird an den Münchner Kammerspielen aufgeführt (Premiere im März 1945 in Zürich). Das Drama handelt vom Deserteur Karl, der sich dem Erschießungskommando an der Ostfront verweigert.

Oktober

Lizenzierung der DEUTSCHEN FRIEDENSGESELLSCHAFT in Hessen.

Dezember

In der hessischen Landesverfassung heißt es in Artikel 69: „Der Krieg ist geächtet. Jede Handlung, die mit der Absicht vorgenommen wird, einen Krieg vorzubereiten, ist verfassungswidrig."

1947

22./23. Februar

Gründung der VEREINIGUNG DER VERFOLGTEN DES NAZIREGIMES in der SBZ.

25. Februar

Auflösung des Staates Preußen als „seit langen Zeiten Träger des deutschen Militarismus und der Reaktion in Deutschland" durch den Alliierten Kontrollrat.

7.-9. März

Der DEMOKRATISCHE FRAUENBUND DEUTSCHLANDS wird als überparteiliche und überkonfessionelle Organisation in Berlin-Ost gegründet.

12. März

Truman-Doktrin: Containment.

Frühjahr

Der Westdeutsche Landesverband der DEUTSCHEN FRIEDENSGESELLSCHAFT wendet sich in einem Rundschreiben an die Ortsgruppen, um Umbenennungen von Straßen, die nach nationalsozialistischen sowie nationalistisch-militaristischen Personen benannt sind, voranzubringen.

9. Mai

Beginn der Verfahren gegen zwölf deutsche Generäle wegen Kriegsverbrechen vor dem Nürnberger Kriegsverbrechertribunal.

Juni

Aktion der DEUTSCHEN FRIEDENSGESELLSCHAFT und der INTERNATIONALEN FRAUENLIGA FÜR FRIEDEN UND FREIHEIT gegen Kriegsspielzeug.

5. Juni

Marshall-Plan wird verkündet.

8. Juni

Auflösung aller deutschen Rüstungsbetriebe in der französischen Zone.

Juli

Nach dem Abwurf der beiden US-Atombomben überarbeitet Bertolt Brecht sein Theaterstück *Leben des Galilei* (Premiere am 9. September 1943 in Zürich). Die neue Fassung mit Charles Laughton in der Hauptrolle wird in Hollywood aufgeführt.

25.-27. Juli

Erster ordentlicher Bundestag der DEUTSCHEN FRIEDENSGESELLSCHAFT nach dem Ende des NS-Staates in Frankfurt am Main mit 500 Delegierten und Gästen aus den drei Westzonen. Allein in der britischen und amerikanischen Zone betrug die Mitgliedszahl 35.000, das ist die höchste Zahl in der gesamten Geschichte dieser Friedensorganisation. Verabschiedet wird u.a. der Entwurf eines Gesetzes zur Ächtung des Krieges.

September

Shdanow-Rede: Zwei-Lager-Theorie

Oktober

Wolfgang Borcherts Gedicht *Dann gibt es nur eins* wird veröffentlicht.

21. November

Der Freistaat Bayern beschließt ein Gesetz über die Straffreiheit bei Kriegsdienstverweigerung.

Dezember

Auf Initiative der DEUTSCHEN FRIEDENSGESELLSCHAFT und der LIGA FÜR MENSCHENRECHTE erfolgt ein Aufruf zur Freilassung deutscher Kriegsgefangener.

6./7. Dezember

Gründung der DEUTSCHEN VOLKSKONGRESSBEWEGUNG FÜR EINHEIT UND GERECHTEN FRIEDEN unter der Leitung der SED.

1948

Februar

Nach der Ermordung Gandhis (30. Januar) veranstaltet die DEUTSCHE FRIEDENSGESELLSCHAFT in den Westzonen Gedächtnisfeiern für Gandhi.

April

In Braunschweig gründet sich auf Initiative des Pfarrers Fritz Wenzel der BUND KRIEGSGEGNERISCHER PFARRER. Anfang der 1950er Jahre geht diese Organisation, die eher bedeutungslos blieb, in den INTERNATIONALEN VERSÖHNUNGSBUND über.

Frühjahr

In der Friedensbewegung der Westzonen wird der Osborne-Plan diskutiert. Henry Osborne schlägt vor, dass Teile der nationalen Souveränität (Wehr- und Währungshoheit, Kontrolle der Atomenergie) auf eine Weltregierung übertragen werden sollen. Für 1950 sollen, so Osborne, Wahlen zu einem Weltparlament in Genf stattfinden.

Franz Justus Wittkop veröffentlicht mit seinem *Pariser Tagebuch* das Bekenntnis eines Deserteurs.

24. Juni

Beginn der Berlin-Blockade.

13. Juli

Eisenacher Erklärung der EKD gegen Krieg und Hass.

22. Juli

Die Ortsgruppe Magdeburg der DEUTSCHEN FRIEDENSGESELLSCHAFT erhält das Zulassungsschreiben vom dortigen Polizeipräsidenten.

23. Juli

Im Rahmen der Deutschen Volkspolizei werden kasernierte Abteilungen aufgestellt.

9. August

Der Vorsitzende der Ortsgruppe Magdeburg der DEUTSCHEN FRIEDENSGESELLSCHAFT, Gerhard Nehls, fordert in einer Eingabe an den Verfassungsausschuss des Deutschen Volksrates der SBZ das Recht auf Kriegsdienstverweigerung in die Verfassung der DDR aufzunehmen. Eine Antwort erfolgt nicht.

1.-3. Oktober

Programm der DEUTSCHEN FRIEDENSGESELLSCHAFT, beschlossen auf dem Bundestag in Göttingen.

November

Auf Vorschlag der SPD-Abgeordneten Frieda Nadig einigt sich der zuständige Ausschuss des Parlamentarischen Rates auf folgende Formulierung: „Niemand darf gegen sein Gewissen zum Kriegsdienst mit der Waffe gezwungen werden. Das Nähere regelt ein Bundesgesetz."

24. November

Eugen Kogon macht im Rahmen einer Pressekonferenz in Frankfurt am Main Andeutungen über eine geplante Aufrüstung Westdeutschlands.

10. Dezember

Die Deklaration der 30 Artikel der Menschenrechte wird von den Vereinten Nationen verabschiedet.

14. Dezember

Ablehnung der Schaffung eines deutschen Heeres durch den amerikanischen

Minister Kenneth C. Royall in einer Erklärung in Frankfurt am Main. Die Schaffung einer Polizei für einen westdeutschen Bundesstaat steht zur Diskussion.

1949

Januar

Eugen Kogon schlägt in einem Artikel der Frankfurter Hefte die Bildung eines europäischen Bundes vor, um damit einer Remilitarisierung Deutschlands vorzubeugen.

Der Befehl Nr. 2 des Präsidenten der Deutschen Verwaltung des Innern sieht vor, die Grenzpolizei von „unerwünschten Elementen" zu säubern, d.h. sie sollten aus folgenden Gründen entlassen werden: Verwandte in den drei Westzonen, Kriegsgefangenschaft bei den westlichen Alliierten, charakterliche und politische Unzuverlässigkeit. Die Folgen sind eine hohe Zahl von Entlassungsgesuchen und Desertionen aus den kasernierten Einheiten der SBZ/DDR.

Im zweiten Halbjahr 1948 sowie im ersten Halbjahr 1949 fliehen ca. 120 Mann aus der Grenzpolizei. Die kasernierten Einheiten der Hauptverwaltung für Ausbildung stellen von Oktober 1949 bis Oktober 1950 eine Fahnenflucht von 650 Mann fest. Im Jahr 1951 fliehen 73 Offiziere; 13,6 % der Deserteure sind Mitglieder der SED.

8. Januar

Uraufführung von Max Frischs Drama *Als der Krieg zu Ende war* in Zürich. Aufführungen in Deutschland folgen in Baden-Baden (April 1950) und Hamburg (September 1950).

11. Januar

Deutsche Erstaufführung von Bertolt Brechts *Mutter Courage und ihre Kinder* in Berlin-Ost.

14. Januar

Der Polizeipräsident Magdeburgs teilt in einem Schreiben an die Mitglieder der Ortsgruppe Magdeburg der DEUTSCHEN FRIEDENSGESELLSCHAFT mit, dass diese Organisation mit sofortiger Wirkung aufgelöst ist.

In Hamburg konstituiert sich ein AKTIONSKOMITEE GEGEN DIE DEUTSCHE REMILITARISIERUNG. Beteiligt sind folgende Organisationen: DEUTSCHE FRIEDENSGESELLSCHAFT (Austritt im März 1950 wegen des zu starken Einflusses der KPD), INTERNATIONALE FRAUENLIGA FÜR FRIEDEN UND FREIHEIT, Freie Deutsche Jugend, VEREINIGUNG DER VERFOLGTEN DES NAZIREGIMES und die Heinrich-Heine-Gesellschaft.

17. Januar

Errichtung des Militärischen Sicherheitsamtes der westlichen Alliierten zur Überwachung der Entmilitarisierung Westdeutschlands.

18. Januar

Auf einer Sitzung des Hauptausschusses des Parlamentarischen Rates versucht der FDP-Abgeordnete Theodor Heuss die Verankerung des Rechts auf Kriegsdienstverweigerung in der Verfassung zu verhindern. Ihm widerspricht der SPD-Abgeordnete Fritz Eberhard.

In der Frankfurter Rundschau erscheint ein Artikel des in Paris lebenden ehemaligen US-Bomberpiloten Garry Davis, der die Ziele einer Weltbürgerbewegung propagiert: Abschaffung souveräner Staaten und Bildung einer Weltregierung zur Sicherung des Weltfriedens. Anfang

Februar haben sich bereits 25.000 Deutsche in den Büros Hamburg, Frankfurt am Main und Freiburg als Mitglieder dieser Bewegung registrieren lassen.

8. Februar

Die DEUTSCHE FRIEDENSGESELLSCHAFT veranstaltet im Bremer Rathaus eine Diskussionsveranstaltung zum Thema *Remilitarisierung – Ja oder Nein*. Referent: Rechtsanwalt Nicolaus Schierloh.

16. Februar

Der DEMOKRATISCHE FRAUENBUND DEUTSCHLANDS beendet eine einwöchige Unterschriftensammlung für ein sofortiges Verbot der Atombombe mit einer Kundgebung in Berlin-West. Nach Angaben des Vorstandmitglieds Käte Kern haben ca. 5 Millionen Frauen in der SBZ und den drei westlichen Sektoren Berlins diesen Aufruf unterschrieben, der an die UNO weitergeleitet werden soll.

5.-7. März

Auf der 1. Parteikonferenz der KPD in Solingen wendet sich der Vorsitzende Max Reimann vor 1100 Delegierten und Gästen gegen die Spaltung Deutschlands und die sich abzeichnende Remilitarisierung.

6. März

Brief der INTERNATIONALE DER KRIEGSDIENSTGEGNER an den Parlamentarischen Rat für das uneingeschränkte Recht auf Kriegsdienstverweigerung.

9. März

Ein im Vormonat in Berlin-Ost gegründetes KOMITEE GEGEN DIE BERLINER KRIEGSHETZER fordert die Bevölkerung und die Behörden des sowjetischen Sektors auf, bei der Vorbereitung von Ermittlungsverfahren behilflich zu sein. Als so genannte Beschuldigte werden genannt: die Spitzenpolitiker der drei im Senat vertretenen Parteien, der Regierende Bürgermeister Ernst Reuter sowie die Chefredakteure von vier Zeitungen.

11. März

Der NAUHEIMER KREIS veröffentlicht den *Aufruf zur Rettung des Friedens durch Neutralisierung Deutschlands*. Hauptinitiator ist der Historiker Ulrich Noack, der Mitbegründer der CDU in der SBZ war und seit 1947 an der Universität Würzburg lehrt.

4. April

Gründung der NATO.

20.-23. April

In Paris findet der erste Weltfriedenskongress statt. Mehrere tausend Menschen, darunter Delegierte aus 72 Ländern, treffen sich im Konzertsaal Salle Pleyel. Die Mehrheit dieses Kongresses besteht aus kommunistisch, sozialistisch, linksliberal und humanistisch eingestellten Künstlern, Schriftstellern und Intellektuellen. Am Schlusstag wird ein WELTFRIEDENSKOMITEE gegründet. Ferner wird die Angst vor einem neuen Krieg, die Kritik an der Atombombe sowie an Militärbündnissen bekundet. Da einige Delegierte nicht die nötigen Visa bekamen, findet in Prag ein Parallelkongress, der die Pariser Beschlüsse mit trägt, mit 168 deutschen und osteuropäischen Teilnehmern statt.

30. April

Die nicht kommunistische Linke veranstaltet in Paris einen Tag des internationalen Widerstands gegen Krieg und Diktatur als Gegenveranstaltung zum Weltfriedenskongress. Mehrere hundert Delegierte aus den USA, West- und Südeuropa sowie den westlichen Besatzungszonen Deutschlands sind erschienen.

Mai

Der Schriftsteller Reinhold Schneider veröffentlicht seine *Verantwortung für den Frieden*.

5. Mai

Im Bonner Rathaus konstituiert sich das WESTDEUTSCHE KOMITEE DER FRIEDENSKÄMPFER, das sich gegen Schritte zur Remilitarisierung und die mögliche Gefahr einer atomaren Erpressung durch die USA wendet. Pazifistische, antimilitaristische und kommunistische Personen sind in dem Komitee vertreten. Gleichberechtigte Vorsitzende sind die SPD-Stadträtin Edith Hoereth-Menge und der parteilose Schriftsteller Adolf von Hatzfeld. Bis zum Jahresende entstehen ca. 600 gleichnamige bzw. ähnliche Komitees im gesamten Bundesgebiet.

8. Mai

Zum vierten Jahrestag des Kriegsendes veranstaltet die VEREINIGUNG DER VERFOLGTEN DES NAZIREGIMES in Hamburg eine Befreiungsfeier mit ca. 10.000 Menschen.

10. Mai

In Berlin-Ost gründen deutsche Teilnehmer des Weltfriedenskongresses in Paris das DEUTSCHE KOMITEE DER FRIEDENSKÄMPFER, ab Dezember 1950 umbenannt in DEUTSCHES FRIEDENSKOMITEE, das zum Organ der staatlich gelenkten Friedensbewegung der DDR wird. Im Januar 1953 erfolgt nach einer Umstrukturierung eine weitere Umbenennung in DEUTSCHER FRIEDENSRAT.

15. Mai

Der 28jährige Garry Davis gibt in Paris bekannt, dass sich bisher 223.801 Personen der von ihm gegründeten Weltbürgerbewegung angeschlossen haben.

23. Mai

Gründung der BRD und Inkrafttreten des Grundgesetzes, das u.a beinhaltet: Friedensgebot (Präambel), Recht auf Kriegsdienstverweigerung (Artikel 4,3) und das Verbot des Angriffskriegs (Artikel 26).

Juni

Nach einer Meinungsumfrage von Emnid verneinen 60,2% der Befragten die Bereitschaft zum Militärdienst.

Sommer

Hans Werner Richter, der Leiter der literarischen Gruppe 47 veröffentlicht seinen Antikriegsroman *Die Geschlagenen* (über hundert Rezensionen, Übersetzung in neun Sprachen, Fontanepreis 1951 der Stadt Berlin). Weitere Werke Richters gegen den Krieg folgen, so *Sie fielen aus Gottes Hand* (1951) sowie *Du sollst nicht töten* (1955).

6. August

Ein Bündnis von sieben überwiegend pazifistischen Organisationen (DEUTSCHE FRIEDENSGESELLSCHAFT, DEUTSCHER FRAUENRING, INTERNATIONALE DER KRIEGSDIENSTGEGNER u.a.) organisiert im Kölner Rathaus anlässlich des vierten Jahrestages des Abwurfs der Atombombe auf Hiroshima eine Gedenk- und Mahnveranstaltung.

26. August

Der ehemalige Oberbürgermeister von Nürnberg, Hans Ziegler, wird aus der SPD ausgeschlossen, da er angekündigt hat, am Friedenskongress in Moskau teilzunehmen.

Der Initiator des NAUHEIMER KREISES, Ulrich Noack, diskutiert in Weimar mit Politikern und Wissenschaftlern der SBZ über die Erfolgsaussichten einer Neutralitätspolitik.

27. August

Der Tag der europäischen Jugend wird in Frankfurt am Main mit 700 internationalen Gästen durchgeführt. In mehreren Reden wird die deutsche Jugend zum Widerstand gegen Militarismus und Autoritätsgläubigkeit aufgefordert.

29. August

Zündung der ersten sowjetischen Atombombe.

1. September

Auf dem Bebelplatz in Berlin-Ost demonstrieren ca. 100.000 Menschen für den Frieden. Anlass ist der zehnte Jahrestag des Beginns des Zweiten Weltkriegs mit dem Überfall Deutschlands auf Polen. In Leipzig findet eine parallele Großveranstaltung dieses Deutschen Friedenstages statt. In der gesamten SBZ kommt es zu kleineren Gedenkfeiern. An vielen Stellen ist die innerdeutsche Grenze geöffnet, um auch der westdeutschen Bevölkerung die Teilnahme zu ermöglichen.

Friedensorganisationen veranstalten ab diesem Jahr am 1. September den Antikriegstag.

9.-11. September

Die Bundestagung der DEUTSCHEN FRIEDENSGESELLSCHAFT beschließt in Stuttgart u.a. eine Resolution, die den Bundestag auffordert, anstelle der bisher üblichen Kriegs- und Verteidigungsminsterien ein Friedensministerium einzurichten. Dem Bundestag soll auch ein Kriegsächtungsgesetz vorgelegt werden.

Herbst

Heinrich Böll veröffentlicht die Erzählung *Der Zug war pünktlich* und thematisiert darin die Entfernung von der Truppe.

2. Oktober

Im Admiralspalast in Berlin-Ost findet die zentrale Veranstaltung des von den kommunistischen Parteien durchgeführten Weltfriedenstags für die SBZ statt. Versuche von FDJ-Mitgliedern in den drei westlichen Sektoren zu demonstrieren, werden durch die Polizei mit Gewalt verhindert.

7. Oktober

Gründung der DDR und Inkrafttreten der Verfassung, die u.a. beinhaltet:

Erziehung der „Jugend im Geiste des friedlichen und freundschaftlichen Zusammenlebens der Völker" (Artikel 37).

23. Oktober

Am 301. Jahrestag des Westfälischen Friedens wird in Münster die ARBEITSGEMEINSCHAFT DEUTSCHER FRIEDENSVERBÄNDE gegründet. In dieser Organisation sind verschiedene pazifistische und christliche Gruppierungen vereint, so die DEUTSCHE FRIEDENSGESELLSCHAFT, die INTERNATIONALE DER KRIEGSDIENSTGEGNER, der INTERNATIONALE VERSÖHNUNGSBUND und der FRIEDENSBUND DEUTSCHER KATHOLIKEN. Erster Präsident wird Hermann Louis Brill. Die ARBEITSGEMEINSCHAFT DEUTSCHER FRIEDENSVERBÄNDE arbeitet in den nächsten Jahren konsequent gegen die Wiederbewaffnung und setzt sich nach Einführung der Bundeswehr für ein uneingeschränktes Recht auf Kriegsdienstverweigerung ein.

28.-31. Oktober

Das WELTFRIEDENSKOMITEE verabschiedet auf einer Tagung in Rom ein sofortiges Friedensprogramm, das drei Punkte umfasst: 1. Aufnahme von Gesprächen zur Beendigung der Kriege in Griechenland, Vietnam, Indonesien und Malaysia. 2. Schritte zur Abrüstung sowie die vollständige Abschaffung/Zerstörung von Atomwaffen. 3. Abschluss eines Friedensvertrags durch die Großmächte im Rahmen der UNO.

November

In Hamburg sammelt eine Gruppe des DEMOKRATISCHEN FRAUENBUNDES DEUTSCHLANDS trotz massiver Einschüchterungen seitens der Behörden Unterschriften zur Ächtung der Atombombe.

21. November, 9./16. Dezember

In verschiedenen Interviews lehnt Bundeskanzler Adenauer eine Wiederbewaffnung ab.

Dezember

Die ARBEITSGEMEINSCHAFT DEUTSCHER FRIEDENSVERBÄNDE veröffentlicht eine Weihnachtsbotschaft. Darin werden alle Deutschen zur Wahrung des Friedens und zur Entsagung des Kriegsdienstes aufgefordert. An die Politiker der Großmächte wird appelliert, die Einheit Deutschlands wieder herzustellen und eine gerechte und friedliche Weltordnung aufzubauen.

Nach einer Umfrage von Emnid lehnen 74,6% der Befragten einen Militärdienst ab

16. Dezember

Verbot jeglicher Vorbereitung kriegerischer Handlungen per *Gesetz über die Beseitigung des Militarismus und Nazismus* der Alliierten Hohen Kommission.

Auf Antrag der KPD-Fraktion diskutiert der Bundestag erstmals über die Wehrfrage. Dabei sprechen sich alle Fraktionen gegen eine Wiederbewaffnung aus.

1950

Januar

Die Stadtvertretung von Königswinter verabschiedet eine *Friedens-Charta von Königswinter*, in der sich die Gemeinde symbolisch zu einem Weltterritorium erklärt. Ebenso mundialisieren sich Oberwinter-Rolandseck und Bad Wimpfen/Neckar.

Der Landesvorsitzende der CDU in Sachsen, Professor Hickmann, muss aus seinen Ämtern ausscheiden, nachdem er sich zur deutschen Neutralität bekannt hatte.

2. Januar

Der hessische Jugendvorstand der IG Chemie, Papier, Keramik lehnt in einer Erklärung jede Form der Wiederbewaffnung ab.

4. Januar

Die Frauen-Illustrierte Constanze publiziert einen Artikel *Wenn es wieder einen Krieg gäbe – hülfe uns dann ein Generalstreik der Frauen?* über frauenspezifischen Widerstand gegen die Wiederbewaffnung.

7.-9. Januar

Die GEMEINSCHAFT DER WELTBÜRGER veranstaltet in Baden-Baden ein bundesweites Treffen.

8. Januar

Anna Siemsen, die Ehrenvorsitzende der DEUTSCHEN FRIEDENSGESELLSCHAFT, spricht in Köln vor 250 Menschen über *Nie wieder deutsche Wehrmacht!* Die Versammlung lehnt in einer Resolution jegliche Wiederaufrüstung ab und fordert die Bildung eines Friedensministeriums.

21. Januar

Studierende der Universität Heidelberg führen eine antimilitaristische Kundgebung durch.

31. Januar

Erklärung der Kirchlich-Theologischen Arbeitsgemeinschaft der Bekennenden Kirche in Deutschland gegen die Wiederbewaffnung.

5. Februar

Der Vorsitzende der KPD, Max Reimann, ruft die Hamburger Hafenarbeiter zum Boykott des Entladens und Transports von Rüstungsgütern auf.

8. Februar

Gründung des Ministeriums für Staatssicherheit der DDR.

11. Februar

Der weltbekannte Physiker Albert Einstein warnt in einer amerikanischen Sendung vor der Wasserstoffbombe.

15.- 19. März

In Stockholm beschließen 150 Delegierte des WELTFRIEDENSKOMITEES ein absolutes Verbot von Atomwaffen. Dieser *Stockholmer Appell* wird weltweit von einer halben Milliarde Menschen unterschrieben, davon 2 Millionen in der Bundesrepublik.

21. April

Das DEUTSCHE KOMITEE DER FRIEDENSKÄMPFER beschließt in Berlin-Ost eine Unterschriftenkampagne für den *Stockholmer Appell* sowie die Gründung von Friedenskomitees in der gesamten DDR.

23. April

Die VEREINIGUNG DER VERFOLGTEN DES NAZIREGIMES veranstaltet in Dortmund eine Kundgebung mit 10.000 Menschen zur Erinnerung an die Befreiung vom Nationalsozialismus und für die Bewahrung des Friedens.

27. April

Wort der Synode der EKD in Berlin-Weißensee zum Frieden.

Mai

In Hamburg, Düsseldorf, Stuttgart, Tübingen und Offenbach finden Landeskonferenzen des WESTDEUTSCHEN KOMITEES DER FRIEDENSKÄMPFER statt.

18. Mai

Der NAUHEIMER KREIS um Ulrich Noack fordert in seiner *Witzenhausener Proklamation* die Neutralisierung Deutschlands, die in einem Friedensvertrag fixiert werden soll.

21.-25. Mai

Der Parteitag der SPD fordert in Hamburg: Ablehnung der Wiederbewaffnung und einer militärischen Dienstpflicht.

24. Mai

Gerhard Graf von Schwerin wird Adenauers „Berater in technischen Fragen der Sicherheit". Dies bedeutet de facto die geheime Vorbereitung des Aufbaus der Streitkräfte.

24.-29. Mai

Die FDJ organisiert in Berlin-Ost ein Pfingst- und Friedenstreffen der deutschen Jugend. Die Bundesregierung sowie die amerikanische Besatzungsmacht kritisieren dieses Treffen. Westdeutschen Jugendlichen wird die Fahrt nach Berlin verboten.

25. Juni

Polizisten sperren die Loreley weiträumig ab, um die Durchführung einer Friedenskundgebung gegen den Einbau von Sprengkammern zu verhindern. Im Laufe des Sommers tauchen auf dem Loreleyfelsen in großen Lettern geschriebene Parolen gegen die Sprengkammern auf.

Beginn des Koreakrieges (Ende: 27. Juli 1953), der die Westintegration der BRD sowie die Ostintegration der DDR beschleunigt.

27. Juni

Auf einer Friedenskundgebung im Friedrichstadt-Palast in Berlin-Ost kommt es zu scharfen Auseinandersetzungen zwischen Intellektuellen aus Ost und West.

Juli

Friedenskomitees organisieren Kundgebungen in Köln, Frankfurt am Main, Dortmund, Lübeck und Nürnberg gegen die Intervention von US-Truppen in Korea.

In Dresden unterzeichnen Geistliche verschiedener kirchlicher Richtungen einen *Aufruf an alle Christen*, der ein absolutes Verbot aller Atomwaffen fordert.

8. Juli

Der Verleger Ernst Rowohlt bekennt sich in einem Interview zu seiner Unterschrift unter den *Stockholmer Appell* und betont, dass er kein Kommunist sei.

8./9. Juli

In Bremen beraten Hafenarbeiter, Seeleute und Binnenschiffer auf einer Konferenz über Aktivitäten, um den Transport amerikanischen Rüstungsmaterials nach Korea zu verhindern. In einem Aufruf werden Kollegen aufgefordert, die Entladung kriegswichtiger Güter zu verweigern und den *Stockholmer Appell* zu unterzeichnen. Zur weiteren Arbeit wird ein FRIEDENSKOMITEE DER HAFENARBEITER gegründet, dem Vertreter aus folgenden Häfen angehören: Brake, Bremen, Bremerhaven, Duisburg, Düsseldorf, Emden, Flensburg, Hamburg, Kiel, Lübeck, Mannheim, Minden und Wilhelmshaven.

12. Juli

Offener Brief des Bundesvorsitzenden der DEUTSCHEN FRIEDENSGESELLSCHAFT, Harald Abatz, an Josef Stalin. Abatz fordert Stalin zu vernünftigem Denken auf, um den Krieg in Korea zu beenden.

16. Juli

In Hamburg gründet sich ein KOMITEE DER FRIEDENSKÄMPFER, das besonders zur Ächtung der Atombombe arbeiten möchte. Einige Ärzte erklären sich bereit, Listen zur Unterzeichnung des *Stockholmer Appells* in den Wartezimmern auszulegen.

18. Juli

Ca. 1.500 Mitglieder des WESTDEUTSCHEN KOMITEES DER FRIEDENSKÄMPFER werden in Berlin-West verhaftet, als sie Unterschriften für den *Stockholmer Appell* sammeln. Die meisten von ihnen sind Studierende und Professoren der Humboldt-Universität, darunter auch der Chemiker Robert Havemann. Der größte Teil wird nach Feststellung der Personalien wieder freigelassen.

19. Juli

Auf einer Kundgebung des KOMITEES DER FRIEDENSKÄMPFER im Kurfürstlichen Schloss in Mainz zur Ächtung der Atombombe nehmen 450 Menschen teil.

29. Juli

In Nürnberg ziehen 400 FDJ-Mitglieder durch die Stadt. Sie fordern Passanten auf, den *Stockholmer Appell* zu unterschreiben.

August

Der Bayerische Rundfunk verbietet seinen Conférenciers Helmuth M. Backhaus, Fritz Benscher und Fred Rauch weiterhin als Sprecher oder Ansager aufzutreten. Sie hatten den *Stockholmer Appell* auf einer Liste unterschrieben. Diese Liste wurde vom Neuen Deutschland abgedruckt.

In München schließen sich die Mehrzahl der Verbände bayerischer Lehrer an Volks-, höheren und Berufsschulen zu einer Arbeitsgemeinschaft zusammen, die eine Erklärung gegen die Remilitarisierung verabschiedet.

6. August

Die Deutsche Naturfreundejugend beschließt auf ihrem Bundesjugendtreffen auf dem Hohen Meissner eine Resolution gegen die Wiederbewaffnung.

8. August

In Hamburg weigern sich 35 Hafenarbeiter zwei britische Schiffe, die mit Munition für die Besatzungstruppen beladen waren, zu entladen. Als Ausgleich für die damit verbundenen Risiken fordern sie eine entsprechende Lohnerhöhung. Die Hafenverwaltung lehnt dies ab und entlässt die Arbeiter. Einen Tag später erklären sich andere Hafenarbeiter solidarisch und treten in einen Streik.

10./11. August

Die Konferenz der Länderinnenminister beschließt Maßnahmen gegen die als „kommunistisch gesteuert" eingeschätzte Friedensbewegung.

11.-23. August

Der Schriftsteller Alfred Andersch veröffentlicht in Fortsetzungen in der Frankfurter Allgemeinen Zeitung seine Desertionserzählung *Flucht in Etrurien*. Eine Resonanz bleibt aus.

16.-18. August

Das Präsidium des WELTFRIEDENSKONGRESSES appelliert in Prag in einer Resolution an den Sicherheitsrat der Vereinten Nationen und alle Regierungen: Die Luftangriffe im Koreakrieg müssen sofort eingestellt und die Feindseligkeiten beendet werden. Ferner sollen alle ausländischen Truppen das Land verlassen.

20. August

Eine Friedensdemonstration des KOMITEES DER FRIEDENSKÄMPFER in Dortmund wird sehr kurzfristig verboten, so dass mehrere tausend Menschen bereits unterwegs sind und von einer Hundertschaft Polizei ohne Vorwarnung mit Gummiknüppeln auseinander getrieben werden.

26. August

Der Rat der Evangelischen Kirche in Deutschland fordert auf dem Evangelischen Kirchentag in Essen alle Christenmenschen auf, sich gegen Kriegshetzerei und Angstpsychose zu wenden. Eine Remilitarisierung wird entschieden abgelehnt. Der hessische Kirchenpräsident Martin

Niemöller fordert in einer Versammlung vor 10.000 Menschen die Regierenden auf, sich des „Kriegs- und Remilitarisierungsgeschreis" zu enthalten.

31. August

Der Künstler John Heartfield, der durch Fotomontagen gegen Militarismus und Nationalismus berühmt wurde, kehrt aus dem Londoner Exil zurück und lässt sich in Leipzig nieder.

September

In Hamburg fordern verschiedene Organisationen (z.B. die INTERNATIONALE DER KRIEGSDIENSTGEGNER, der AUSSCHUSS FÜR FRIEDENSERZIEHUNG, die DEUTSCHE FRIEDENSGESELLSCHAFT, Die Falken, die Quäker) die Bundestagsabgeordneten auf, sich von der eigenmächtigen Politik des Bundeskanzlers zur Remilitarisierung zu distanzieren.

1. September

Bereits zum vierten Mal veranstalten Gruppen der Arbeiterjugend in Erinnerung an den Beginn des Zweiten Weltkriegs in vielen Orten der BRD einen Antikriegstag.

5. September

In Düsseldorf, Dortmund und Wiesbaden werden Veranstaltungen der FDJ und des KOMITEES DER FRIEDENSKÄMPFER verboten.

7. September

In Berlin-Ost wird die Ruine des Stadtschlosses gesprengt. Für die Regierung der DDR ist die einstige Residenz der Hohenzollern das Symbol für „preußischen Feudalismus und Militarismus".

7.-12. September

In Mainz findet die V. Delegiertenkonferenz des Sozialistischen Deutschen Studentenbundes (SDS) statt. Eine Resolution der Konferenz spricht sich für eine Wiederaufrüstung im Rahmen einer Europa-Armee aus.

9. September

Der Wiesbadener Kurier veröffentlicht das Ergebnis einer Leserumfrage. Danach sprechen sich 55,4% gegen jede Wiederaufrüstung aus.

10. September

Unter der Parole *Nie wieder Faschismus, nie wieder Krieg!* beteiligen sich zehntausende Menschen in der gesamten BRD an Kundgebungen zum Gedenken an die Opfer des Nationalsozialismus.

14.-17. September

Die Resolution der Kölner Bundestagung der DEUTSCHEN FRIEDENSGESELLSCHAFT lehnt jede Remilitarisierung in Ost- und Westdeutschland ab, spricht sich für einen Zusammenschluss Europas aus und distanziert sich von kommunistisch gelenkten Friedensorganisationen.

In Hannover schließen sich 14 Landesverbände zur Vereinigung WELTBÜRGER IN DEUTSCHLAND zusammen.

30. September

Der kurz vor Eröffnung vom Innenministerium Bayerns verbotene Friedenstag der Frau findet als Kaffeeklatsch getarnt in der Nähe von München statt. Mehr als 1.000 Frauen aus 18 Parteien und Organisationen reisen an. In dem verabschiedeten Manifest heißt es u.a.: „Zur Verteidigung des Lebens unserer Kinder werden wir unsere Männer auffordern, nicht für den Krieg zu arbeiten. Wir sind gewiß, dass die Väter unserer Kinder dem Ruf der Mütter Folge leisten werden. Wir rufen alle Frauen auf, nicht für den Krieg zu arbeiten! ..."

1. Oktober

Die FDJ veranstaltet in 29 Städten der Bundesrepublik 48 Kundgebungen und 35 Demonstrationen für den Frieden, die deutsche Einheit und gegen die Wiederbewaffnung. Einzelne Bundesländer sprechen Verbote aus, es kommt bei den krawallfreien Veranstaltungen zu Verhaftungen von Jugendlichen.

3./4. Oktober

In einer *Handreichung an die Gemeinden zur Wiederaufrüstung* erklären die BRUDERSCHAFTEN DER BEKENNENDEN KIRCHE auf ihrem zweiten Treffen in Darmstadt, dass sie in der jetzigen Lage jeden Kriegsdienst verweigern müssten. In einem Offenen Brief von 64 Pfarrern an Bundeskanzler Adenauer wird festgestellt, dass die Wiederaufrüstung nicht im Namen des deutschen Volkes geschehe.

4. Oktober

Der Darmstädter Studentenpfarrer Herbert Mochalski veröffentlicht das Flugblatt *An die Gewehre? Nein!*

6. Oktober

Martin Niemöller publiziert einen Offenen Brief an Adenauer, in dem die demokratische Legitimation der Wiederbewaffnung bestritten wird.

8. Oktober

In Dinslaken findet der erste Westdeutsche Kongress junger Friedenskämpfer statt. Es beteiligen sich 1.500 Delegierte von 20 Jugendorganisationen. Das Motto lautet: „Die Heimat lieben – die Atombombe ächten – den Frieden erkämpfen."

Bertolt Brecht inszeniert *Mutter Courage und ihre Kinder* in München.

9. Oktober

Gustav Heinemann tritt von seinem Amt als Bundesinnenminister zurück – wie bereits am 31. August angekündigt. Er protestiert damit gegen Adenauers Politik der Wiederbewaffnung.

Die Himmeroder „Denkschrift über die Aufstellung eines Deutschen Kontingents im Rahmen einer übernationalen Streitmacht zur Verteidigung Westeuropas" beschäftigt sich mit dem Umfang, der Organisation und dem Geist von Streitkräften der Bundesrepublik.

15. Oktober

Auf einer Kundgebung des Evangelischen Männerwerks in Frankfurt am Main kritisieren Niemöller, Heinemann und der EKD-Vorsitzende Otto Dibelius deutlich die Bestrebungen der Remilitarisierung.

20./21. Oktober

Die Prager Konferenz der Ostblockstaaten protestiert gegen die Wiederbewaffnung der Bundesrepublik.

22. Oktober

Kanzelabkündigung des Presbyteriums der Petri-Gemeinde Dortmund für die Position Niemöllers.

26. Oktober

Adenauer macht Theodor Blank zum „Beauftragten des Bundeskanzlers für die mit der Vernehmung der alliierten Truppen zusammenhängenden Fragen". Das geschaffene „Amt Blank" bedeutet die Vorstufe des späteren Bundesministeriums der Verteidigung.

1. November

Auf einer Fakultätsversammlung der Naturwissenschaften an der Humboldt-Universität in Berlin-Ost kommt es zu einer offenen Kontroverse. Studierende fordern, im Gegensatz zum anwesenden SED-Funktionär und seiner Resolution, ein Recht auf Kriegsdienstverweigerung in der DDR. Außerdem sollen die Teilnehmenden des Ost-West-Gesprächs geheim gewählt werden. Der Funktionär verlässt unter Beschimpfungen den Saal.

4./5. November

In Berlin-Ost findet der I. Kongress der Kämpfer für den Frieden statt. Unter dem Vorsitz des Schriftstellers Arnold Zweig verabschieden die 1.769 Delegierten, davon 755 aus der BRD, Grundsätze gegen die Remilitarisierung der BRD.

12. November

In einem Interview mit der amerikanischen Nachrichtenagentur United Press fordert Niemöller den Abzug aller Besatzungstruppen aus ganz Deutschland und ihre Ersetzung durch die Truppen der UN.

16. November

Im Gemeindehaus Dahlem in Berlin-West erklärt Niemöller, dass jeder Westdeutsche, der die Waffe in die Hand nehme, ein Narr sei. Ferner kritisiert der hessische Kirchenpräsident, dass jeder, der sich gegen die Remilitarisierung ausspreche, automatisch als Bolschewist abgestempelt werde.

17. November

Der Rat der EKD nimmt auf einer Konferenz in Berlin-West Stellung zur Frage der Remilitarisierung sowie den Meinungsäußerungen seiner Mitglieder Niemöller und Heinemann. Eine genaue Positionsbestimmung wird vermieden.

21. November

Der Bundesvorstand des DGB spricht sich in Düsseldorf nur bedingt gegen eine Politik der Wiederaufrüstung aus.

30. November

Heinemann referiert in Zürich (und in den nächsten Tagen in Bern und Basel) über die *Evangelische Kirche in Deutschland heute und die Wiederaufrüstung*.

Der Ministerpräsident der DDR, Otto Grotewohl, schlägt in einem Brief an Bundeskanzler Adenauer vor, dass zur friedlichen Lösung der deutschen Frage gesamtdeutsche Verhandlungen aufgenommen werden sollen.

Dezember

Auf einer VVN-Kundgebung in Essen verabschieden 500 Teilnehmende eine Resolution, in der Truman und Stalin aufgefordert werden, sofort Verhandlungen aufzunehmen und den Koreakrieg zu beenden. Ferner werden die beiden deutschen Regierungen aufgefordert, Besprechungen für einen Gesamtdeutschen Konstituierenden Rat aufzunehmen.

1. Dezember

Offener Brief des Bundesvorsitzenden der DEUTSCHEN FRIEDENSGESELLSCHAFT, Harald Abatz, an den US-Präsidenten Harry S. Truman, den britischen Premierminister Clement Attlee, den sowjetischen Staatschef Josef Stalin und Papst Pius XII., in dem sich Abatz für ein Zusammentreffen dieser Politiker ausspricht, um den Frieden in der Welt zu erhalten.

Vortrag Heinemanns *Evangelische Kirche in Deutschland heute und die Wiederaufrüstung* in Bern.

6. Dezember

Wort des Rates der EKD an die christlichen Kirchen der Welt.

Die Werbestelle Thüringen stellt fest, dass bei Jugendlichen nur eine sehr geringe Lust für den Dienst bei der Volkspolizei der DDR existiert.

13. Dezember

Niemöller greift in einer Rede in Kassel erneut Kanzler Adenauer an.

Das *Gesetz zum Schutz des Friedens* wird durch die Volkskammer der DDR verabschiedet. Damit werden Völker-, Revanche-, Rassen- und Kriegshetze unter Strafe gestellt.

20. Dezember – 3. Januar

Die Studenten René Leudesdorff und Georg von Hatzfeld protestieren gegen die Bombardierung der Insel Helgoland durch britische Flugzeuge. Auf der verwüsteten Insel hissen sie die Fahne Deutschlands, die Europafahne sowie die Fahne Helgolands. Über Neujahr wächst die Zahl der Inselbesetzer auf 17.

22. Dezember

In Niemöllers Wiesbadener Privatwohnung treffen sich Heinemann, der ehemalige niedersächsische Landwirtschaftsminister Günther Gereke und Ulrich Noack, um über eine Initiative zur Wiedervereinigung Deutschlands zu beraten. Auf jegliche Aufstellung bewaffneter Verbände in Ost- und Westdeutschland solle, so das Gesprächsergebnis, verzichtet werden. Dieser *Wiesbadener Appell* verhallt jedoch ungehört. Als Noack versucht möglichst viele Politiker zur Unterschrift zu bewegen, unterschreiben auch zwei führende Vertreter der rechtsradikalen Sozialistischen Reichspartei. Heinemann und Niemöller verweigern daraufhin ihre Unterschrift.

27. Dezember

Das Nachrichtenmagazin Der Spiegel veröffentlicht die bis dato größte Meinungsumfrage zur Wehrproblematik, die auf einer Auswertung von ca. 33.000 Zusendungen basiert. Danach verneinen: 95,5 % die Wiederbewaffnung nach dem Pleven-Plan; 85,1 % die Frage, ob sie bereit seien, Soldat zu werden; 82,6 % die allgemeine Wehrpflicht.

30. Dezember

In Tel Aviv protestieren mehrere tausend Israelis gegen die Wiederbewaffnung Deutschlands.

1951

Januar

Die Fraktion des Zentrums im Deutschen Bundestag legt einen Gesetzentwurf zu einem Kriegsdienstbefreiungsgesetz vor, ganz im Sinne der DEUTSCHEN FRIEDENSGESELLSCHAFT. Darin heißt es im § 1: „Niemand darf zum Dienst in einer deutschen Wehrmacht wider seinen Willen gezwungen werden." Der Antrag findet keine Mehrheit. Die SPD betont, dass sie zu einer von den beiden großen Parteien getragenen Wehrpolitik bereit sei.

Studierende der Universität Göttingen verfassen ein längeres Flugblatt, das sich kritisch mit der Wiederbewaffnung beschäftigt.

6. Januar

Beschluss des DGB-Bundesvorstands „jedwede Remilitarisierung abzulehnen".

10. Januar

Die Sektion Dichtung und Sprachpflege der Deutschen Akademie der Künste in Berlin-Ost fordert in einem *Aufruf an alle westdeutschen Schriftsteller* sich für Frieden und Völkerverständigung einzusetzen. Unterzeichnet ist dieser Aufruf von Johannes R. Becher, Bertolt Brecht, Anna Seghers und Arnold Zweig.

Das israelische Parlament wendet sich mit großer Mehrheit gegen eine Wiederbewaffnung der BRD und DDR.

12. Januar

Rudi Herzberger, der Weltbürger Nr.2, ruft im hessischen Dillenburg die Besitzer von Spielwarengeschäften dazu auf, das Kriegsspielzeug aus den Schaufenstern zu entfernen. Die Ladenbesitzer folgen dieser Aufforderung. Am Abend kommt es bei einer Ansprache Herzbergers zu Tumulten. Ein Geschäftsmann wirft Herzberger moralische Erpressung vor.

28. Januar

Der Westdeutsche Kongress gegen Remilitarisierung und Wiederaufrüstung verabschiedet in Essen das *Manifest gegen die Remilitarisierung* und gründet einen Hauptausschuss für Volksbefragung gegen Remilitarisierung und für den Abschluss eines Friedensvertrags. Die ca. 1700 Delegierten setzen sich aus Kommunisten, Sozialdemokraten, Gewerkschaftern und Pfarrern sowie Soldaten und Offizieren des Zweiten Weltkriegs zusammen. In den 21 Reden spiegelt sich angesichts des Koreakrieges und des Besuchs des NATO-Oberkommandierenden Eisenhower die Angst vor einem neuen Weltkrieg wieder.

2. Februar

Der Vorsitzende des FREIHEITSBUNDES, Theodor Kögler, vertreibt gegen eine kleine Gebühr in Hamburg einen viersprachigen Pass. Mit diesem *Deutschen Neutralitäts-Ausweis* soll das Engagement gegen die Wiederbewaffnung und für eine Neutralität unterstützt werden.

4. Februar

In Berlin-Ost treffen sich Vertreterinnen französischer und deutscher Frauenorganisationen, um über gemeinsame Aktivitäten gegen die Remilitarisierung Deutschlands zu konsultieren.

In Düsseldorf konstituiert sich der vorbereitende Ausschuss zur Volksbefragung gegen die Remilitarisierung.

8. Februar

In Cuxhaven wird die AKTION HELGOLAND E.V. mit folgenden Zielen gegründet: Erhaltung der Insel für die Bevölkerung, Wiederaufbau für friedliche Zwecke und Schaffung eines europäischen Jugendgeländes.

16.-22. Februar

An der Universität Erlangen ergibt eine Befragung der Studierenden (Beteiligung: 47,75%) folgende Ergebnisse: 31,5% lehnen eine Wiederbewaffnung grundsätzlich ab. 88,2% lehnen eine Wiederbewaffnung in der jetzigen Situation ab. 72,5% sprechen sich gegen eine allgemeine Wehrpflicht aus und 75,2% befürworten das Recht auf Kriegsdienstverweigerung.

18. Februar

Auf Einladung der Evangelischen Studentengemeinde spricht sich Heinemann in Erlangen gegen die Wiederbewaffnung aus und betont besonders das Recht auf Kriegsdienstverweigerung.

21. Februar

Bei einer Veranstaltung im hessischen Alsfeld der Gewerkschaftsjugend sprechen sich viele Redner gegen die Remilitarisierung aus.

21.-26. Februar

In Berlin-Ost treffen sich Delegierte aus 81 Staaten zu einer Tagung des WELTFRIEDENSRATES. Ein zentraler Aspekt ist die Kritik an der Wiederbewaffnung der Bundesrepublik sowie die Einbeziehung in die NATO.

23.-26. Februar

Der Kunststudent Hans-Peter Göttsche und weitere sieben junge Leute (Gewerkschaftsjugend und westdeutsche FDJ) landen auf Helgoland und protestieren dort gegen den anhaltenden Missbrauch der Insel als Bombenabwurfplatz der britischen Royal Air Force. Die jungen Leute werden von britischen Polizeioffizieren verhaftet. Die Vereinigung der Helgoländer distanziert sich von dieser Aktion, die sie für einen kommunistischen Schachzug hält.

27. Februar

Auf dem Londoner Trafalgar Square demonstrieren Kommunistinnen gegen eine Wiederbewaffnung Deutschlands.

März

In den ersten drei Tagen dieses Monats schreiben sich allein in Rheinland-Pfalz 32.000 Menschen in die Listen zur Einleitung eines Volksbegehrens ein, erforderlich sind nur 20.000 Stimmen. Daraufhin verbietet das Innenministerium dieses Bundeslandes diese Aktion.

Die Jahrestagung des Windhorst-Bundes (Jugendorganisation der Zentrumspartei) und der Verbandstag der sozialistischen Jugend Die Falken verabschieden jeweils Resolutionen gegen die Remilitarisierung.

2. März

In Hamburg konstituiert sich die kommunistisch gelenkte DEUTSCHE BEWEGUNG HELGOLAND, die eine sofortige Einstellung der Bombenabwürfe fordert.

8. März

Der Internationale Frauentag steht in der DDR und einigen Städten der BRD ganz im Zeichen des Engagements gegen die Remilitarisierung.

10. März

Das DEUTSCHE KOMITEE DER FRIEDENSKÄMPFER fordert auf einer Tagung in Berlin-Ost die Durchführung einer Volksabstimmung gegen die Remilitarisierung für den Abschluss eines Friedensvertrags.

17. März

Premiere der Oper *Das Verhör des Lukullus* von Brecht und Paul Dessau in Berlin-Ost.

17./18. März

In Frankfurt am Main erfolgt die Gründung eines DEUTSCHEN KONGRESSES FÜR AKTIVE NEUTRALITÄT durch 150 Delegierte aus 35 sehr unterschiedlichen Organisationen. Das Spektrum reicht von liberal, pazifistisch, sozialdemokratisch und linkssozialistisch bis hin zu konservativ und nationalistisch. Ziel ist es, die Wiederbewaffnung Deutschlands aufzuhalten. In einer Erklärung an die Vier-Mächte-Konferenz wird die Wiedervereinigung Deutschlands auf der Basis freier Wahlen, die Bündnisneutralität eines vereinigten Deutschlands sowie der Verzicht auf deutsche Streitkräfte gefordert.

23.-25. März

In Starnberg findet ein Ost-West-Gespräch deutscher Schriftsteller statt. Die 60 Teilnehmenden (u.a.: Hans Henny Jahn, Hans Werner Richter, Willi Bredel, Stephan Hermlin, Peter Huchel) beschließen nach ausführlichen Diskussionen einstimmig, sich gemeinsam für die Erhaltung des Friedens einzusetzen und wertvolle Literatur zwischen Ost und West auszutauschen.

In Berlin-Ost tagt eine europäische Arbeiterkonferenz gegen die Remilitarisierung Deutschlands, an der 900 Delegierte (davon 400 aus der BRD) aus 19 europäischen Ländern teilnehmen.

25.-26. März

In Nürnberg findet der erste Kongress des BUNDES DER KRIEGSDIENSTVERWEIGERER statt. Die 60 Delegierten appellieren an die Besatzungsmächte keine Remilitarisierung Deutschlands zu ermöglichen. Zum Bundesleiter wurde der Würzburger Historiker Ulrich Noack gewählt.

1.-3. April

15 junge Leute (elf Männer, vier Frauen), die unterschiedlichen Organisationen angehören (FDJ, Falken, Gewerkschaftsjugend, Jungsozialisten, Guttempler-Jugend, Katholische Jugend, Bund Europäischer Jugend) landen auf Helgoland und protestieren gegen die britischen Bombenabwürfe. Nach ihrer Verhaftung werden sie in Kiel von einem britischen Militärgericht verurteilt. Starke Polizeikräfte verhindern Demonstrationen vor dem Gerichtsgebäude.

11. April

In München demonstrieren 500 Frauen für die Rückgabe und volle Entschädigung für die erfolgte Beschlagnahme ihrer Häuser, in die Besatzungssoldaten untergebracht wurden.

11.-15. April

Weitere Jugendliche landen auf der Insel Helgoland und werden ebenfalls verhaftet sowie angeklagt.

14. April

In Essen konstituiert sich der HAUPTAUSSCHUß FÜR DIE DURCHFÜHRUNG EINER VOLKSBEFRAGUNG GEGEN DIE REMILITARISIERUNG UND FÜR DEN ABSCHLUß EINES FRIEDENSVERTRAGES MIT GESAMTDEUTSCHLAND IM JAHRE 1951. Zu den 100 Gründungsmitgliedern zählen u.a.: Wilhelm Elfes (Mitbegründer der CDU und ehemaliger Oberbürgermeister von Mönchengladbach), Karl Henschel (ehemaliger Generalmajor der Wehrmacht), Edith Hoereth-Menge (SPD-Stadträtin in München), Hellmuth von Mücke (ehemaliger Kapitänleutnant), Gustav Gundelach (KPD-Bundestagsabgeordneter), Johannes Oberhof (Pfarrer), Paul Freiherr von Schoenaich (Präsident der DEUTSCHEN FRIEDENSGESELLSCHAFT), Christa Thomas (katholische Schriftstellerin) und Manfred von Brauchitsch (ehemaliger Automobilrennfahrer).

Diese Aktion wird von der Bundesregierung am 24. April für verfassungswidrig erklärt und die Volksbefragung untersagt. Ferner werden später alle an dieser Kampagne beteiligten Organisationen verboten.

Der Hauptausschuss arbeitet trotz Verbotes weiter und gibt am 16. März 1952 bekannt, dass von 6.267.312 Befragten in der BRD 94,4% gegen eine Remilitarisierung Deutschlands und für den sofortigen Abschluss eines Friedensvertrags stimmten.

14./15. April

In Gelsenkirchen tagt ein Deutscher Kongress der Widerstandskämpfer, der Opfer des Faschismus und des Krieges. In einem Manifest der 1.000 Delegierten wird die Remilitarisierung als Schritt zur steigenden Kriegsgefahr eingeschätzt.

17. April

Vor dem US-Presseclub in Frankfurt am Main erläutert Niemöller seine ablehnende Position zur Wiederbewaffnung.

22. April

In Frankfurt am Main findet eine sozialdemokratische Konferenz gegen die Remilitarisierung mit ca. 1.000 SPD-Mitgliedern statt. In einer Resolution wird ein klares Bekenntnis der Partei gegen die Wiederbewaffnung sowie eine Teilnahme an der Volksbefragung gefordert. Auf Anordnung des hessischen Innenministers sorgt ein Polizeiaufgebot für den Abbruch dieser Konferenz.

23. April

Der Ältestenrat der Stadt Bamberg beschließt einstimmig, dass die Brückenpläne zwecks des Einbaus von Sprengschächten nicht an die US-Besatzungsmacht ausgehändigt werden sollten. Nur einen Tag später ordnet der amerikanische Hochkommissar John McCloy die Einziehung der Brückenpläne an. Dies ist aufgrund des Besatzungsstatuts möglich.

24. April

Die Regierung Adenauer verbietet die Volksbefragung gegen die Remilitarisierung.

26. April

In einer Bundestagsrede hält die Zentrums-Vorsitzende Helene Wessel die Volksbefragung nicht für verfassungswidrig.

27. April

Der Bürgermeister von Hechtsheim, der sich auf einer Liste zur Durchführung der Volksbefragung eingetragen hatte, wird auf Weisung des Innenministers von Rheinland-Pfalz vom Dienst suspendiert.

30. April-2. Mai

Weitere 36 junge Menschen (29 Männer, sieben Frauen) landen auf Helgoland, protestieren gegen die britischen Bombenabwürfe, werden verhaftet und angeklagt.

1. Mai

Unter dem Motto *Soziale Sicherheit in Frieden und Freiheit* versammeln sich Hunderttausende zu den Veranstaltungen des DGB. In München warnt der Schweizer Hans Oprecht vor 85.000 Menschen vor einem drohenden Krieg und ruft die Arbeiterschaft zur Wachsamkeit auf.

2. Mai

Martin Niemöller schreibt dem Bundesminister für gesamtdeutsche Fragen, Jakob Kaiser (CDU), und dem Bundespräsidenten Heuss am 21. Mai. In diesen Briefen wendet sich Niemöller gegen die Gleichsetzung von Mitarbeitern der Volksbefragung mit Kommunisten. Kaiser antwortet nicht, Heuss unterstützt die Position der Bundesregierung.

9. Mai

Die Volkskammer der DDR beschließt in Berlin-Ost die Volksbefragung gegen die Remilitarisierung vom 3.-5. Juni in der DDR durchzuführen.

12. Mai

Der Hauptausschuss der Volksbefragung schickt dem Bundespräsidenten Heuss eine Denkschrift, in der die Verfassungsmäßigkeit der Volksbefragung ausführlich begründet wird. Eine Antwort erfolgt nicht.

16. Mai

Der Oberbürgermeister von Berlin-Ost, Friedrich Ebert, referiert im Siemens-Plania-Werk im Berliner Bezirk Lichtenberg vor 700 Verwaltungsfunktionären über *Die Aufgaben der Verwaltung im Kampf gegen die Remilitarisierung und für Frieden*.

21. Mai

Niemöller kritisiert in einem Schreiben an den Bundespräsidenten Heuss das Verbot der Volksbefragung gegen die Remilitarisierung durch die Regierung Adenauer. Der Bundespräsident lehnt die Bitte Niemöllers nach einer Volksbefragung ab.

23. Mai

Die hessische Landesregierung verbietet das in Frankfurt am Main erscheinende KPD-Organ ‚Sozialistische Volkszeitung' für die Dauer von drei Monaten, da diese Zeitung das Verbot einer Volksbefragung gegen die Remilitarisierung ignoriere.

Die Büroräume des DEMOKRATISCHEN FRAUENBUNDES DEUTSCHLANDS in Düsseldorf werden polizeilich durchsucht. Material zur Durchführung der Volksbefragung gegen die Remilitarisierung werden beschlagnahmt, die Räume versiegelt. Zwei Tage später protestieren 100 Frauen dieser Organisation in der Düsseldorfer Innenstadt gegen die Durchsuchung. Landtagsabgeordnete der KPD entfernen die Siegel und machen die Räume wieder zugänglich.

3.-5. Juni

In der DDR wird die Volksbefragung über die Remilitarisierung Deutschlands und den Abschluss eines Friedensvertrags durchgeführt. Dabei sprechen sich 95,84% der

Befragten gegen eine Wiederbewaffnung Deutschlands und für den sofortigen Abschluss eines Friedensvertrags aus. Das DEUTSCHE FRIEDENSKOMITEE in Berlin-Ost spricht sich dafür aus, die Volksbefragung auch in Berlin-West und der BRD trotz des Verbots durchzuführen. Der Vorsitzende des Komitees, Robert Havemann, teilt mit, dass bereits 109.131 Einwohner von Berlin-West befragt worden seien. Dabei hätten sich 86,7% gegen die Wiederbewaffnung ausgesprochen.

8. Juni

Die Bürgermeister von 17 unterfränkischen Gemeinden reisen nach Bonn, um gegen die Erweiterung des US-amerikanischen Truppenübungsplatzes bei Hammelburg zu protestieren.

9. Juni

Mitglieder der KPD versuchen in der Düsseldorfer Innenstadt Flugblätter gegen die verbotene Volksbefragung zu verteilen. Es kommt zu heftigen Zusammenstößen mit der Polizei.

11. Juni

Das Amtsgericht Lemgo erklärt in seinem Urteil, dass der Inhalt der Volksbefragung nicht im Widerspruch zum Grundgesetz stehe.

15. Juni

In der Auseinandersetzung um den Truppenübungsplatz bei Hammelburg stellt die KPD-Fraktion im Bundestag den Antrag, dass die Erweiterung des Areals abzulehnen sei. Der Antrag wird mit großer Mehrheit abgelehnt.

17. Juni

Auf dem Petersberg (Sitz der Alliierten Hohen Kommission) demonstrieren ca. 2.500 Angehörige der FDJ für den Frieden.

20. Juni

Mehrere Dutzend FDJ-Mitglieder demonstrieren auf der Pfaueninsel in Berlin-West gegen die ihrer Meinung nach widerrechtliche Benutzung der Insel durch die amerikanische Besatzungsmacht.

26. Juni

Die Bundesregierung verbietet die FDJ. Dieses Verbot steht in Zusammenhang mit der Volksbefragung gegen die Wiederbewaffnung.

In Berlin-West wird der Vorsitzende des Ausschusses für die Volksbefragung, Walter Schmitt, verhaftet.

Sommer

Nachdem der neu gewählte DGB-Bundesvorsitzende Christian Fette auf dem DGB-Bundeskongress erklärt, die Gewerkschaften seien für den Verteidigungsbeitrag, wendet sich die Vorsitzende des WESTDEUTSCHEN FRIEDENSKOMITEES, Edith Hoereth-Menge, in einem Offenen Brief (ohne Datum) an alle DGB-Gewerkschafter in der Bundesrepublik. Sie fordert, dass in allen Ortsausschüssen des DGB die Frage der Wiederbewaffnung diskutiert wird, und dass die DGB-Mitglieder sich von Fette distanzieren.

Juli

Anfang des Monats besetzen 100 Fischer die Insel Helgoland.

1.-3. Juli

Gegner der Wiederbewaffnung gießen Beton in die Sprengschächte in der Nähe der Loreley. Auch in Eyb (Kreis Ansbach) werden die Sprengschächte in einer Eisenbahnbrücke unbrauchbar gemacht. In Kitzingen werfen junge Leute ein Bohrgerät und ein Kompressor-Aggregat in den Main, um gegen den Einbau von Sprengschächten zu demonstrieren.

8. Juli

In Dortmund kommt es bei einer Demonstration gegen die Wiederbewaffnung, die von der KPD organisiert ist, zu Zusammenstößen mit der Polizei.

In einem langen Schreiben an Bundeskanzler Adenauer äußert Wilhelm Elfes seine Bedenken zur Wiederbewaffnung. Adenauer antwortet, dass es keinen Zweck habe auf den Inhalt des Briefes einzugehen.

11. Juli

Der Bundestag beschließt das so genannte „Blitzgesetz": Strafvorschriften gegen Hochverrat, Staatsgefährdung und Landesverrat stehen offenkundig im Zusammenhang gegen Aktivitäten der KPD im Bereich der Friedensbewegung.

15. Juli

In Würzburg schließt ein Schiedsgericht der CSU den Historiker Ulrich Noack aus der Partei aus. Der Sprecher des NAUHEIMER KREISES vertritt seit Jahren eine neutralistische Position und kritisiert Adenauers Kurs der Westintegration.

17. Juli

In Darmstadt fordert der Studentenpfarrer Herbert Mochalski in einem *Aufruf an die Studentenschaft* zum Widerstand gegen die Wiederbewaffnung auf.

19. Juli

Acht ausquartierte deutsche Familien besetzen in Frankfurt-Höchst ihre von der amerikanischen Besatzungsmacht beschlagnahmten, aber derzeit leer stehenden Häuser. Ein Einsatz der Militärpolizei und deutschen Polizei beendet diese Aktion.

20. Juli-6. September

Begegnung der europäischen Jugend auf der Loreley am Rhein. Ausrichter sind der Deutsche Bundesjugendring und der Rat der französischen Jugendverbände.

24. Juli

In der DDR wird die Organisation Dienst für Deutschland gegründet. Dieser freiwillige, kasernierte Arbeitsdienst wird bereits am 7. Juni 1953 wieder aufgelöst.

29. Juli

In Hammelburg demonstrieren ca. 5.000 Menschen gegen die Erweiterung eines Truppenübungsplatzes. Die bayerische Landesregierung und US-Militärs einigen sich schließlich darauf, dass der US-Armee in Hohenfels (Oberpfalz) ein Truppenübungsplatz zur Verfügung gestellt wird. 345 Bauern- und Flüchtlingsfamilien werden deshalb zu einer Umsiedlungsaktion gezwungen.

In Werl (Nordrhein-Westfalen) demonstrieren Bauern gegen die Requirierung von 60 Höfen für den Bau eines Militärflughafens.

5.-19. August

In Berlin-Ost finden die III. Weltfestspiele der Jugend und Studenten statt. Die Losung lautet: *Jugend – einig im Kampf für den Frieden – gegen die Gefahr eines neuen Krieges.* Zu dem inszenierten Festival sind 26.000 Jugendliche aus 104 Nationen angereist. Aus der BRD nehmen 35.000 junge Menschen teil.

10. August

Der Vorsitzende der INTERNATIONALE DER KRIEGSDIENSTGEGNER, Theodor Michaltscheff, richtet sich gegen das Angebot Adenauers eines deutschen Verteidigungsbeitrags nach Beginn des Koreakriegs.

25./26. August

In Stuttgart tagt die erste Delegiertenkonferenz des DEMOKRATISCHEN FRAUENBUNDES DEUTSCHLANDS mit 440 Vertreterinnen. Eine Remilitarisierung Deutschlands wird entschieden abgelehnt. Ferner werden der Abzug aller Besatzungstruppen und der Abschluss eines Friedensvertrags sowie die Gleichberechtigung der Frau und die Einrichtung von Kindertagesstätten/Kinderheimen gefordert.

31. August

In Berlin-Ost wird die Verfilmung von Heinrich Manns *Der Untertan* uraufgeführt, Regie: Wolfgang Staudte.

6. September

Die Vorsitzende des DEMOKRATISCHEN FRAUENBUNDES DEUTSCHLANDS, Lilly Wächter, wird in Stuttgart verhaftet. Die Frauenfunktionärin, die auch Mitglied der SPD ist, wollte von ihren Erfahrungen berichten, die sie ein Jahr zuvor in Korea machte. Unter dem Titel *Was ich in Korea sah* hatte sie schon in mehreren Städten gesprochen. Angeprangert hatte Wächter bereits mehrfach den Einsatz von Napalmbomben und die Anwendung von bakteriologischen Waffen durch die US-Truppen. Nun wollte sie über *Deutschland darf kein zweites Korea werden* referieren. Die Verhaftung erfolgte auf Veranlassung amerikanischer Militärbehörden. Zwei Tage später demonstrieren über 1.000 Menschen vor dem Gefängnis in Bad Cannstatt gegen die Inhaftierung Lilly Wächters.

9. September

Auf dem Bebelplatz in Berlin-Ost findet eine Großkundgebung für die Opfer des Faschismus statt. In Redebeiträgen wird vor einer Remilitarisierung Westdeutschlands gewarnt.

13. September

Im Friedrichstadtpalast in Berlin-Ost veranstaltet das Friedenskomitee Groß-Berlin eine Kundgebung. Unter dem Motto *Wem wird Berlin gehören?* spricht sich der Oberbürgermeister von Berlin-Ost, Friedrich Ebert, dafür aus, dass Berlin-West den Westmächten genommen werden müsse.

16. September

In der Frankfurter Paulskirche erhält Albert Schweitzer den Friedenspreis des Deutschen Buchhandels.

18. September

Der katholische und pazifistische Schriftsteller Reinhold Schneider verteidigt die Publikation von zwei Aufsätzen in der DDR. Schneider wird von der CDU angegriffen, viele Zeitungen und Rundfunksender lehnen seine Beiträge ab.

25. September

Auf dem Hansaplatz in Dortmund demonstrieren 40.000 Menschen auf einer Kundgebung der KPD. Gefordert wird dabei die Annahme des Volkskammer-Appells vom 15. September, wonach der Bundestag zu gemeinsamen Gesprächen über den Abschluss eines Friedensvertrags sowie zu gesamtdeutschen Wahlen aufgefordert wurde. Als Redner treten auf: Wilhelm Elfes (CDU), der Pazifist Fritz Küster, der protestantische Pfarrer Heinrich Grisshammer, Walter Staubitz (ehemals SPD) und Max Reimann (KPD). Elfes wird im November aus der CDU ausgeschlossen.

26. September

In Westerburg erklärt Niemöller auf einer Versammlung evangelischer Lehrer, dass es keine gerechten Kriege gebe und, dass kein Christ mit gutem Gewissen Waffen tragen könne.

Bertolt Brechts *Offener Brief an die deutschen Künstler und Schriftsteller* richtet sich gegen den Krieg.

30. September

In Düsseldorf demonstrieren 15.000 Menschen für die Annahme des Volkskammer-Appells vom 15. September. Es sprechen dieselben Redner wie fünf Tage zuvor in Dortmund.

Herbst

Heinrich Böll veröffentlicht seinen Antikriegsroman *Wo warst du, Adam.*

4. Oktober

Ein amerikanisches Bezirksgericht in Stuttgart verurteilt Lilly Wächter zu einer Gefängnisstrafe von acht Monaten und einer Geldstrafe von 15.000 DM. In Stuttgart kommt es zu einer Protestkundgebung. Bei dem amerikanischen Gericht und der Alliierten Hohen Kommission auf dem Petersberg gehen zahlreiche Protesttelegramme aus der DDR, Frankreich, Italien, Großbritannien und Österreich ein. In der Berufungsverhandlung vor dem amerikanischen Oberappellationsgericht in Frankfurt am Main wird das Stuttgarter Urteil überwiegend bestätigt.

14. Oktober

Auf Initiative der Zentrumspolitikerin Henriette Rühle findet in Velbert der Kongress der Frauen und Mütter für den Frieden mit 900 Teilnehmerinnen statt. Es sprechen u.a. Maria Deku, Henriette Rühle und Klara-Marie Faßbinder. Rühle kritisiert, dass die Verhandlungsangebote aus der DDR sehr schnell und pauschal abgelehnt werden. Die Abschlussresolution fordert einen Friedensvertrag sowie eine Entmilitarisierung Deutschlands.

22. Oktober

Mehrere hundert Frauen des DEMOKRATISCHEN FRAUENBUNDES DEUTSCHLANDS führen in Essen vor den Werkstoren von Krupp die vom Bundesinnenministerium verbotene Volksbefragung durch. Die Polizei schreitet ein und verhaftet 26 Frauen.

November

In Briefen an die Besatzungsmächte, den Bundespräsidenten, die Bundesregierung, die Länderregierungen und an die Regierung der DDR sprechen sich die Quäker gegen jede militärische Ausbildung und Aufrüstung aus. In einem Gespräch mit dem Bundesinnenministerium verlangen Mitglieder der Quäker, dass das Recht auf Kriegsdienstverweigerung auch für Menschen möglich sei, die keiner religiösen Gemeinschaft angehören.

1.-6. November

In Wien tagt der WELTFRIEDENSRAT. Eine von insgesamt neun Resolutionen fordert den Abschluss eines Friedensvertrags mit einem entmilitarisierten Deutschland. Weitere Resolutionen beschäftigen sich mit dem Koreakrieg und dem französischen Kolonialkrieg in Vietnam.

21. November

In Düsseldorf konstituiert sich die NOTGEMEINSCHAFT FÜR DEN FRIEDEN EUROPAS, die von Gustav Heinemann und Helene Wessel geleitet wird. Die Gründung geht zurück auf die Weigerung Heinemanns, die durch Adenauer angestrebte Militarisierung der BRD mitzutragen. Die Organisation steht in der Tradition der Schulderklärung der EKD vom 18./19. Oktober 1945. Dem erweiterten Programmausschuss gehören an: Die Professoren für Evangelische Theologie Helmut Gollwitzer, Hans-Joachim Iwand und Friedrich Siegmund-Schultze, Ernst Wilm (Präses der evangelischen Landeskirche von Westfalen),

Ministerialdirektor Otto Koch (SPD), Adolf Scheu (Industrieller), Friedrich Karrenberg (Fabrikant), Ludwig Stummel (ehemaliger Admiral), Diether Posser (Rechtsanwalt) und Reinhold Schneider (Schriftsteller). Hauptziel ist die Verhinderung der Wiederaufrüstung.

Deutschland soll zwischen den beiden Machtblöcken eine Mittelstellung einnehmen, um dadurch zur Überwindung des Kalten Krieges beizutragen.

Dezember

Die DEUTSCHE FRIEDENSGESELLSCHAFT beginnt mit einer großen Aktion zur Kriegsdienstverweigerung. Es werden Kriegsdienstverweigerer-Pässe ausgegeben, in denen es u.a. heißt: „ Ich bin entschlossen, jeden Kriegs- und Militärdienst aus Gewissensgründen zu verweigern. Ich werde weder für Deutschland noch für irgendeine fremde Macht Wehrdienst tun und mich schützend vor alle Gleichgesinnten stellen." Eine rege Nachfrage zeichnet sich ab.

1./2. Dezember

In Straßburg kommen auf Einladung des kommunistischen Rechtsanwalts Michel Bruguier und des Chefredakteurs der linkskatholischen Zeitschrift ‚Esprit', Jean-Marie Domenach, 120 Franzosen und Deutsche zu einer Konferenz über die Gefahr einer Wiederbewaffnung Deutschlands zusammen. Aus der BRD nimmt u.a. Wilhelm Elfes teil.

4. Dezember

Während eines Vortrags des Bundesinnenministers Lehr in Hamburg kommt es zu schweren Tumulten. Kommunistische Demonstranten skandieren: „Wir brauchen keine Ami-Waffen – wir wollen für den Frieden schaffen."

1952

Januar

Der Arbeitskreis Evangelischer Juristen veröffentlicht eine Stellungnahme für die Wiederbewaffnung, wobei Bedrohungsängste aus der NS-Zeit gegenüber dem Kommunismus aufgenommen werden. Hermann Weinkauff, der Präsident des Bundesgerichtshofs zählt zu den Erstunterzeichnern.

2. Januar

In einem Zeitungsartikel fordert Gustav Heinemann die Einstellung der Vorbereitungen zur Wiederbewaffnung und die Herstellung der deutschen Einheit.

3.-9. Januar

Martin Niemöller reist mit seiner Tochter Hertha auf Einladung des Patriarchen der russisch-orthodoxen Kirche, Alexej, zu ökumenischen und humanitären Gesprächen nach Moskau.

12./13. Januar

Mehr als 800 Delegierte der Gesamtdeutschen Bergarbeiterkonferenz in Essen kritisieren die Wiederbewaffnung.

In Hamburg findet der Kongress der Hafenarbeiter und Seeleute der Bundesrepublik gegen die Remilitarisierung statt.

13. Januar

Evangelische und katholische Frauen veranstalten in der Frankfurter Paulskirche den ersten Hessischen Frauentag. Vor mehreren hundert Frauen sprechen sich Klara-Marie Faßbinder, Erica Küppers, Maria Häffner und Maria Deku gegen die Wiederbewaffnung aus.

Die deutschen Frauen werden zur Zivilcourage und Kritik aufgerufen. Martin Niemöller verteidigt in der Schlussansprache das Recht auf Kriegsdienstverweigerung.

20. Januar

In Duisburg konferieren 340 Delegierte von Metallarbeitern unter der Losung *Deutscher Stahl muss dem Frieden dienen*. Die Initiative geht von Betriebsräten ohne die Mitwirkung des DGB aus.

21. Januar

In Bochum treffen sich 200 Delegierte von LANDESAUSSCHÜSSEN DER JUGEND GEGEN REKRUTIERUNG mit Vertretern der DARMSTÄDTER AKTIONSGRUPPEN, die von dem Studentenpfarrer an der TH Darmstadt, Herbert Mochalski, gegründet wurde, um über gemeinsame Protestaktionen gegen die Wiederbewaffnung zu beraten.

31. Januar

Beim Bundesverfassungsgericht in Karlsruhe reichen 144 Bundestagsabgeordnete eine vorbeugende Feststellungsklage gegen einen Wehrbeitrag ein.

3. Februar

In Rhöndorf gründen Mediziner aus Furcht vor einer Wiederbewaffnung den FRIEDENSBUND DEUTSCHER ÄRZTE.

5. Februar

Mit einem ¼stündigen Warnstreik protestiert die Belegschaft der Daimler Benz AG in Mannheim gegen die positive Stellung des DGB-Bundesvorstandes zur Wehrfrage.

7./8. Februar

Im Bundestag findet eine ausführliche Wehrdebatte statt. Am ersten Tag der Debatte demonstrieren ca. 250 Frauen bis in die Nähe des Bundestages gegen die Wiederbewaffnung. Die Frauen skandieren: „Adenauer, Lehr, wir wollen kein Gewehr!" und „Wenn Ost und West zusammenstehen, muß Adenauer stiften gehen." Eine Hundertschaft drängt die Frauen und jugendliche Demonstranten zurück. Die Protestierenden beginnen daraufhin mit einem mehrstündigen Marsch durch Bonn.

Die Belegschaft der Schachtanlage Nordstern in Gelsenkirchen und weitere Betriebe der Grundstoffindustrie des Ruhrgebiets beschließen wegen der Wehrdebatte des Bundestags einen 24stündigen Warnstreik durchzuführen.

10. Februar

In Göttingen findet ein Frauen-Friedenstag statt. Die Anwesenden gründen die WESTDEUTSCHE FRAUEN-FRIEDENSBEWEGUNG und wählen Klara-Maria Faßbinder (Professorin in Bonn) zur ersten Präsidentin.

In München werden auf einer außerordentlichen Landesdelegiertenkonferenz des DGB in der Frage der Wiederbewaffnung der DGB-Vorsitzende Christian Fette und das Vorstandsmitglied Hans vom Hoff wegen ihrer grundsätzlichen Bereitschaft zu einem deutschen Verteidigungsbeitrag deutlich kritisiert. Die Delegierten fordern in einer Resolution die Ablehnung eines Wehrbeitrags.

14. Februar

Auf einer Veranstaltung der Evangelischen Jugend in Offenbach verurteilt der Darmstädter Studentenpfarrer Herbert Mochalski den Wehrbeitrag der BRD.

In Neu-Isenburg unterzeichnen 42 Jugendliche eine Erklärung, wonach sie einen Gestellungsbefehl ablehnen und verbrennen würden.

Der Landesbezirksvorstand des DGB Hessen beantragt unter Hinweis auf die eingegangenen Protestresolutionen beim DGB-Bundesvorstand die Einberufung eines außerordentlichen gewerkschaftlichen Bundesvorstands über die Frage eines bundesdeutschen Wehrbeitrags.

16. Februar

Die Delegiertenversammlung der Verwaltungsstelle Frankfurt am Main der IG Metall begrüßt die Entscheidung des DGB Hessen und fordert ein Ausschlussverfahren gegen die DGB-Funktionäre Fette und vom Hoff.

18. Februar

Die Delegierten von 12.000 Angestellten und Arbeitern der IG Metall Salzgitter kritisieren die Position der DGB-Funktionäre Fette und vom Hoff.

21. Februar

Auf einer Kundgebung in Marburg erklärt Gustav Heinemann, dass eine Europa-Armee nur innerhalb eines europäischen Bundesstaates zu verwirklichen sei. Ferner kritisiert er einen deutschen Wehrbeitrag.

22. Februar

Auf ihrem I. Bundeskongress in Hamburg lehnt die Gewerkschaft Öffentliche Dienste, Transport und Verkehr mit 425:3 Stimmen einen Wehrbeitrag der BRD ab.

März

In den bundesdeutschen Kinos läuft der Film *Das Herz der Welt*, ein Film über das Leben der bekannten Pazifistin Bertha von Suttner (Mitgründerin der DEUTSCHEN FRIEDENSGESELLSCHAFT 1892, Friedensnobelpreis 1905). Die DEUTSCHE FRIEDENSGESELLSCHAFT profitiert von diesem Film und engagiert sich in vielen Orten mit Handzetteln vor den Kinos.

1. März

Die Insel Helgoland steht wieder unter deutscher Verwaltung. Als neues britisches Bombenabwurfgebiet dient nun der Große Knechtsand, ein Wattgebiet zwischen Cuxhaven und Bremerhaven. Einige Fischer protestieren mit einer schwarzen Europa-Fahne im Namen der AKTION HELGOLAND E.V. gegen dieses neue Bombodrom.

2. März

In Darmstadt organisiert der Studentenpfarrer Mochalski ein Westdeutsches Treffen der jungen Generation, an dem 1.200 Jugendliche teilnehmen. Dabei wird die deutsche Jugend zum Widerstand gegen die Wiederbewaffnung aufgerufen.

4./5. März

In Bremen werden FDJ-Mitglieder überrascht als sie antimilitaristische Parolen an eine Hauswand schreiben.

8. März

Die Veranstaltungen zum Internationalen Frauentag werden vom DEMOKRATISCHEN FRAUENBUND DEUTSCHLANDS organisiert. Im Zentrum steht dabei das Engagement gegen die Wiederbewaffnung und gegen die Einführung der allgemeinen Wehrpflicht. In Rheinland-Pfalz und Südbaden werden diese Veranstaltungen behördlich verboten.

10. März

Die Stalin-Note (Wiedervereinigung Deutschlands in den Grenzen des Potsdamer Abkommens, Neutralisierung Deutschlands nach Abzug aller ausländischen Truppen, Aufbau nationaler Truppen zur Landesverteidigung) soll, so die Auffassung der DEUTSCHEN FRIEDENSGESELLSCHAFT in den kommenden Wochen, sehr ernst genommen werden.

12./13. März

In Berlin-West sprechen auf zwei getrennten Veranstaltungen Gustav Heinemann und Helene Wessel über die Opposition gegen eine Wiederbewaffnung. Durch das Auftreten von antikommunistischen Störtrupps kommt es zu Tumulten.

19. März

Die Schriftstellerin Anna Seghers (Berlin-Ost) wird in Moskau mit dem Internationalen Friedenspreis ausgezeichnet.

April

In Stuttgart wird Lilly Wächter nach drei Wochen Haft entlassen, der Rest der achtmonatigen Gefängnisstrafe wird zur Bewährung ausgesetzt. Mehrere hundert Menschen begrüßen Wächter, die über eventuelle amerikanische Kriegsverbrechen im Koreakrieg Vorträge hielt und daher von einem amerikanischen Gericht verurteilt wurde.

1. April

In Oslo tagt der WELTFRIEDENSRAT und verabschiedet eine Resolution, in der die Großmächte aufgefordert werden, einen Friedensvertrag abzuschließen. Für dieses Anliegen wurden weltweit bereits über 600 Millionen Unterschriften gesammelt. Von der UNO verlangt der WELTFRIEDENSRAT ein Verbot von bakteriologischen Waffen.

6. April

In Offenbach kommen zum Hessentreffen der jungen Generation 800 Jugendliche zusammen. Unter dem Motto *Widersteht der Militarisierung!*, tritt Herbert Mochalski als Hauptredner auf.

12. April

Auf einer Kundgebung in Hamburg demonstrieren mehrere tausend Menschen gegen die Wiederaufrüstung in der BRD. Hafenarbeiter, die sich weigerten Munitionsdampfer zu löschen, rufen ihre Kollegen in anderen Hafenstädten zu einem Streik gegen den Generalvertrag auf. Der Generalvertrag soll die völkerrechtlichen Voraussetzungen für die Wiederbewaffnung der BRD schaffen.

19. April

In Nürnberg protestieren Mitglieder der pazifistischen INTERNATIONALE DER KRIEGSDIENSTVERWEIGERER gegen die Politik der Wiederbewaffnung.

24. April

In den Bezirken Wedding und Reinickendorf von Berlin-West demonstrieren ca. 15.000 FDJ-Mitglieder gegen den Generalvertrag.

5. Mai

In einem Beleidigungsprozess in Würzburg gegen den Historiker Ulrich Noack, den Begründer des NAUHEIMER KREISES, wird eine Stellungnahme des sozialdemokratischen Bundesvorstandsmitglieds Fritz Heine verlesen. Die SPD vertritt danach die Auffassung, dass die These dieses Kreises von der Neutralität Deutschlands eine Unterstützung der Sowjetunion bedeute. Eine solche Position bedrohe die BRD. Die SPD habe daher beschlossen, dass Mitglieder des NAUHEIMER KREISES aus der Partei ausgeschlossen werden.

10.-12. Mai

In Berlin-Ost treffen Nikolaus Koch, Heinz Krämer und Arnold Haumann von der DARMSTÄDTER AKTION mit Vertretern der FDJ (u.a. Erich Honecker) zusammen, um über eine gesamtdeutsche Lösung zu beraten.

11. Mai

Mehrere tausend Jugendliche reisen im Rahmen einer Friedenskarawane nach Essen, um in der Stadt des bekannten Rüstungskonzerns Krupp gegen die Wiederbewaffnung zu protestieren. Am Nachmittag des 10. Mai wird die Veranstaltung verboten. Dies wird den ca. 15.000 Jugendlichen, die davon nichts wissen, am Mittag des 11. Mai am Hauptbahnhof mitgeteilt. Die Jugendlichen protestieren lautstark. Daraufhin sprengen Berittene in die Menge. Hunderte von Polizisten prügeln wahllos auf die Jugendlichen ein, Wasserwerfer und Hunde werden eingesetzt, Demonstranten mit gezogener Waffe verfolgt. Der 21jährige Philipp Müller, ein Eisenbahnarbeiter und FDJ-Mitglied aus München, wird von der Polizei erschossen. Schwere Schussverletzungen erleiden der 27jährige Bernhard Schwarze, SPD-Mitglied in Münster, und der parteilose Gewerkschafter Albert Bretthauer aus Kassel.

In den folgenden Tagen demonstrieren mehrere tausend Menschen in Düsseldorf, Kiel, Mannheim, Wuppertal und Berlin-Ost gegen das Verbot der Friedenskarawane, den Schusseinsatz der Polizei und die Erschießung Philipp Müllers. Die Trauerfeier des 21jährigen findet im Beisein von 5.000 Trauergästen statt.

13. Mai

Auf einer Veranstaltung in Bonn gegen die Wiederbewaffnung, die vom INTERNATIONALEN VERSÖHNUNGSBUND, der DEUTSCHEN FRIEDENSGESELLSCHAFT und der WESTDEUTSCHEN FRAUENFRIEDENSBEWEGUNG organisiert wird, kommt es zu Tumulten. Das Ziel der Angriffe ist besonders Martin Niemöller, der nur mit Mühe seine Thesen gegen die Wiederbewaffnung ausführen kann.

22. Mai

In Bonn versammeln sich 1.623 Teilnehmerinnen zu einem Frauenfriedenskongress, der sich gegen den Generalvertrag und die damit mögliche Wiederaufrüstung wendet. Organisiert wird die Tagung von der WESTDEUTSCHEN FRAUENFRIEDENSBEWEGUNG und dem DEMOKRATISCHEN FRAUENBUND DEUTSCHLANDS.

25. Mai

Zwei Wochen nachdem die Polizei die Friedenskarawane der Jugend blutig niedergeschlagen hatte, wobei Philipp Müller erschossen wurde, treffen sich 10.000 Menschen in Essen. Der Düsseldorfer Pfarrer Hans Meyer, der Leiter des ARBEITSKREISES GEGEN REKRUTIERUNG, Heinz Krämer, sowie die Schriftstellerin Erna Hinz-Vothron gedenken des Toten und beschuldigen die Polizeiführung sowie verantwortliche Politiker, einen Mord begangen zu haben. Der Theologiestudent Arnold Haumann ruft zur Bildung von Widerstandskreisen gegen den Generalvertrag auf.

26. Mai

In München demonstrieren mehr als 120.000 Menschen gegen Adenauers Gewerkschafts- und Sicherheitspolitik.

In Mannheim protestieren 55.000 Betriebsangehörige gegen das Betriebsverfassungsgesetz und den Generalvertrag.

In Gelsenkirchen versammeln sich 40.000 Arbeiter auf einer Kundgebung der KPD, um gegen den Generalvertrag und für einen Friedensvertrag zu demonstrieren.

In Heilbronn streiken über 10.000 Betriebsangehörige gegen den Generalvertrag und das Betriebsverfassungsgesetz.

In Oberhausen fordern 15.000 Menschen die Verhinderung des Generalvertrags und eine fortschrittliche Betriebspolitik.

In Bonn unterzeichnet Adenauer zusammen mit den Außenministern der Westmächte den General- bzw. Deutschlandvertrag.

8. Juni

In der Frankfurter Paulskirche organisieren die NOTGEMEINSCHAFT FÜR DEN FRIEDEN EUROPAS und die DARMSTÄDTER AKTION eine Kundgebung gegen den Generalvertrag. Die Hauptreden halten Helene Wessel und Gustav Heinemann.

14./15. Juni

Im dänischen Odense findet eine Internationale Konferenz zur friedlichen Lösung der Deutschlandfrage statt. Osteuropäische und deutsche Delegierte sind davon ausgeschlossen. Für letztere referiert Wilhelm Elfes in Hamburg am 21. Juni über die Sicherheitsgarantien, die Deutschland den Nachbarstaaten geben könne.

28. Juni

Durch die Innenstadt von Nürnberg ziehen zwölf Kriegsdienstgegner mit Transparenten wie „Schlechter Frieden – besser als Krieg", „Wir sind weder für den Westen noch für den Osten" und „Kriegsdienst – Nein."

Die britischen Pazifistinnen Dorothy Morton und Constance Jones blockieren das Haupttor des NATO-Stützpunktes Mildenhall in Suffolk, um gegen die atomare Aufrüstung zu protestieren.

29. Juni

In Dortmund schließen sich verschiedene Friedensgruppen zur DEUTSCHEN SAMMLUNG zusammen. Es handelt sich dabei um eine national orientierte antimilitaristische Einheitsbewegung. An der Gründung sind folgende Organisationen beteiligt: der ARBEITSKREIS FÜR DEUTSCHE VERSTÄNDIGUNG UND FÜR EINEN GERECHTEN FRIEDENSVERTRAG MIT DEUTSCHLAND, die AUSSCHÜSSE GEGEN REMILITARISIERUNG, der WESTDEUTSCHE ARBEITSAUSSCHUSS DER NATIONALEN FRONT DES DEMOKRATISCHEN DEUTSCHLAND, das WESTDEUTSCHE FRIEDENSKOMITEE, der GESAMTDEUTSCHE ARBEITSKREIS FÜR LAND- UND FORSTWIRTSCHAFT, der FÜHRUNGSRING EHEMALIGER SOLDATEN UND EHEMALIGER OFFIZIERE, das WESTDEUTSCHE TREFFEN DER JUNGEN GENERATION, die WESTDEUTSCHE FRAUENFRIEDENSBEWEGUNG, das DEUTSCHE ARBEITERKOMITEE GEGEN REMILITARISIERUNG, der I. WESTDEUTSCHE FLÜCHTLINGSKONGRESS, der AUSSCHUSS FÜR ZUSAMMENARBEIT DER KRIEGSGESCHÄDIGTEN UND KRIEGSFOLGEGESCHÄDIGTEN, der ZENTRALRAT ZUR VERTEIDIGUNG DER DEMOKRATISCHEN RECHTE und die ARBEITSGEMEINSCHAFT DEMOKRATISCHER JURISTEN. Zum Vorsitzenden wird der ehemalige Reichskanzler Joseph Wirth gewählt. Dem Präsidium gehören ferner an: Wilhelm Elfes, Friedrich Maase, Katharina von Kardorff-Oheimb und Charlotte Fleischmann.

Juli

Zehn Duisburger Pfarrer rufen zur Kriegsdienstverweigerung auf.

1. Juli

Gründung der Kasernierten Volkspolizei in der DDR als Vorläuferorganisation der Nationalen Volksarmee.

1.-5. Juli

In Berlin-Ost findet eine außerordentliche Konferenz des WELTFRIEDENSRATS statt. Die Delegierten aus 70 Ländern befassen sich mit dem Koreakrieg und dem weltweiten Wettrüsten. Hinsichtlich der ungelösten deutschen Frage wird die sofortige Einberufung einer Viererkonferenz der Großmächte zur Ausarbeitung eines Friedensvertrags verlangt.

8. Juli

Auf einer Kundgebung der KPD in Hamburg mit 4.000 Menschen fordern mehrere Redner die Abgeordneten des Bundestags auf, die Ratifizierung des Generalvertrags abzulehnen.

In einem Offenen Brief an alle Abgeordneten des Deutschen Bundestages verweist der Bundesvorsitzende der DEUTSCHEN FRIEDENSGESELLSCHAFT, Harald Abatz, darauf, dass vor einer Ratifizierung des Generalvertrags der Versuch einer Verständigung mit der Sowjetunion gemacht werden müsse. Aufrüstung, so Abatz, begünstige einen Krieg.

9. Juli

Rede Walter Ulbrichts auf der II. Parteikonferenz der SED über die Notwendigkeit von Streitkräften der DDR.

13. Juli

In Essen gründet sich ein ARBEITSKREIS KATHOLISCHER JUGEND GEGEN DIE WIEDERAUFRÜSTUNGSPOLITIK, der sich deutlich von der offiziellen katholischen Jugend, die die Remilitarisierung befürwortet, distanziert.

17. Juli

Bei der Eröffnungsfeier der Olympischen Spiele in Helsinki will die deutsche Jurastudentin Barbara Rotraut Pleyer einen Friedensappell an die Völker richten. Sie wird aber vom Rednerpult gezogen und aus dem Stadion geführt. Anschließend wird sie der Polizei übergeben und in die Psychiatrie eingewiesen. Nach kurzer Zeit wird sie entlassen und in die BRD abgeschoben. Bei ihrer Ankunft in Hamburg wird ihr auf Anweisung des Bundesinnenministeriums der Reisepass entzogen. Anfängliche Vermutungen, wonach Frau Pleyer eine Kommunistin sei, stellen sich als falsch heraus.

31. August

Der Leipziger Studienrat Waldus Nestler geht in den Ruhestand. Bereits in den Jahren der Weimarer Republik wirkte er als Friedens- und Reformpädagoge und trat nicht der NSDAP bei. Auch nach 1945 blieb er seinen pädagogischen Prinzipien treu – und bekam deshalb die Hetze und den Druck der stalinistischen Bildungspolitik zu spüren.

September

In Fürth finden sich mehrere hundert Menschen zu einer Veranstaltung der VEREINIGUNG DER VERFOLGTEN DES NAZIREGIMES ein, um gegen den Generalvertrag und gegen den Aufbau einer Europäischen Verteidigungsgemeinschaft zu protestieren. In einem Telegramm wird

Bundestagspräsident Ehlers aufgefordert, beim Besuch der Delegation der DDR-Volkskammer eine Verständigung in die Wege zu leiten. Das Bundesverfassungsgericht wird aufgefordert, den Verbotsprozess gegen die KPD abzusetzen.

3. September

In Magdeburg demonstrieren 100.000 Menschen für den Abschluss eines Friedensvertrags. Staatspräsident Pieck bezieht sich in seiner Rede auf die deutschlandpolitische Note der Sowjetunion vom 23. August an die Westalliierten.

12. September

In Berlin-Ost stellen Gerhart Eisler und Albert Norden auf einer internationalen Pressekonferenz ein *Weissbuch über den Generalkriegsvertrag* vor. Darin wird die Unterzeichung des Generalvertrags durch Adenauer als „Kriegsverschwörung" und „Verrat an der deutschen Nation" bezeichnet. Ferner wird ein Brief des thüringischen evangelischen Landesbischofs Moritz Mitzenheim an verschiedene Ratsmitglieder der EKD verlesen, in dem sich Mitzenheim für den Abschluss eines Friedensvertrags ausspricht.

14. September

Zum Abschluss der Internationalen Kampfwoche gegen Faschismus und Krieg in Mannheim ziehen 2.000 Demonstranten durch die Stadt.

In Hamburg ruft Oskar Müller vor 4.000 Zuhörern zum Widerstand gegen den Generalvertrag auf.

In Berlin-Ost findet zum Abschluss der Internationalen Kampfwoche gegen Faschismus und Krieg eine Großkundgebung mit 100.000 Menschen statt. Hauptredner ist Franz Dahlem.

22. September

Der neutralistische NAUHEIMER KREIS um den Historiker Noack schließt sich in Ulm mit der nationalistischen Freisozialen Union zum Block der Mitte/FSU zusammen. Hauptanliegen ist die politische Einheit Deutschlands.

Herbst

Das Flugblatt *Der Generalvertrag – ein Verhängnis für Deutschland* der DEUTSCHEN FRIEDENSGESELLSCHAFT und der INTERNATIONALE DER KRIEGSDIENSTGEGNER erscheint in einer Auflage von 500.000

Alfred Andersch veröffentlicht *Die Kirschen der Freiheit*. Ungeachtet der Frage, ob der Autor wirklich ein Deserteur war, bedeutet sein Werk ein Tabubruch. Deserteure gelten auch sieben Jahre nach dem Ende des Zweiten Weltkrieges als „Feiglinge" sowie „Drückeberger" und werden in der Öffentlichkeit diffamiert. Mit Anderschs Schrift beginnt, zunächst nur für kurze Zeit eine intensive Diskussion. Erst ab den 1990er Jahren kommt es zu einem wichtigen Stimmungswandel der deutschen Gesellschaft gegenüber den Deserteuren.

Oktober

Mehrere hundert Frauen des DEMOKRATISCHEN FRAUENBUNDES DEUTSCHLANDS führen unter den Beschäftigten der Krupp-Werke in Essen eine Befragungsaktion zur Wiederbewaffnung durch. Gegen die Wiederbewaffnung und für einen Friedensvertrag sprechen sich 98% aus. Die Polizei verhaftet bei dieser verbotenen Aktion 26 Frauen.

3. Oktober

Erste britische Atombombe gezündet.

4./5. Oktober

Zur II. Delegiertenkonferenz des DEMOKRATISCHEN FRAUENBUNDES DEUTSCHLANDS kommen 500 Frauen nach Oberhausen. Die erste Sekretärin des Bundes, Gerda Weber, kritisiert die Wiederbewaffnung sowie die Westintegration der BRD.

18. Oktober

In allen Teilen der DDR finden erstmals Kreisfriedenskonferenzen statt. Dabei werden die Delegierten für den Deutschen Friedenskongress gewählt.

24./25. Oktober

In Weimar versammeln sich ehemalige Häftlinge und Deportierte des Konzentrationslagers Buchenwald. In einem *Manifest von Buchenwald* wird zur Verhinderung des Generalvertrags aufgerufen.

1. November

Erste Wasserstoffbombe der USA gezündet.

8.-10. November

In Berlin-Ost beteiligen sich 200 Politiker aus zwölf europäischen Staaten an einer Internationalen Konferenz zur friedlichen Lösung der deutschen Frage. Aus der Bundesrepublik nehmen u.a. Wilhelm Elfes, Klara-Maria Faßbinder, Martin Niemöller, Joseph Wirth und der KPD-Bundestagsabgeordnete Walter Fisch teil.

10. November

Aus Protest gegen die Politik der Wiederaufrüstung der Bundesregierung verlassen Helene Wessel und Gustav Heinemann die CDU sowie Hans Bodensteiner die CSU.

23. November

In Stuttgart tagt die Konferenz für deutsche Einigung und nationale Unabhängigkeit mit 800 Menschen. In einer Denkschrift wird die Bundesregierung aufgefordert, Maßnahmen für eine gesamtdeutsche Verständigung und einer Viererkonferenz im Sinne der Vorschläge der Volkskammer der DDR zu machen.

27. November

An der deutsch-polnischen Grenze bei Frankfurt/Oder werden die Mitglieder einer motorisierten Jugendstafette, die sich auf der Reise nach Wien zum Völkerkongress für den Frieden befindet, von mehreren tausend Menschen begrüßt.

28./29. November

An dem Deutschen Kongress für Verständigung und Frieden in Berlin-Ost nehmen 3.500 Delegierte und Gäste teil, auch einige Gruppen aus der BRD. Hauptredner Otto Grotewohl wiederholt die Vorschläge der Volkskammer zur Durchführung gemeinsamer Beratungen für den Abschluss eines Friedensvertrags. Die Delegierten wählen die 166 Mitglieder des DEUTSCHEN FRIEDENSKOMITEES, darunter 50 Westdeutsche.

29./30. November

In Frankfurt am Main erfolgt die Gründung der GESAMTDEUTSCHEN VOLKSPARTEI (GVP) durch Gustav Heinemann, Helene Wessel und Hans Bodensteiner, hervorgegangen aus der NOTGEMEINSCHAFT FÜR DEN FRIEDEN EUROPAS. Ziele sind eine friedliche Wiedervereinigung Deutschlands bei einer Bündnisneutralität. Die GVP wird weder in den Bundestag noch in einen Landtag gewählt und löst sich 1957 auf.

30. November

Eine Friedenskonferenz der Hafenarbeiter in Delmenhorst fordert alle Betriebsräte der bundesdeutschen See- und Binnenhäfen auf, sich für den Abschluss eines Friedensvertrags und gegen den Generalvertrag einzusetzen.

3. Dezember

Kanzler Adenauer gibt im Bundestag eine Ehrenerklärung für die deutschen Soldaten des Zweiten Weltkrieges ab. Vermutlich eine indirekte Reaktion auf Anderschs *Die Kirschen der Freiheit*.

3.-6. Dezember

Im Bundestag findet die zweite Lesung des Generalvertrags und des Vertrags über die Europäische Verteidigungsgemeinschaft statt. Bereits am ersten Tag kommt es zu heftigen Auseinandersetzungen zwischen der Polizei, die Wasserwerfer einsetzt, und den Demonstranten. Mit 218 gegen 164 Stimmen bei vier Enthaltungen werden die beiden Verträge angenommen.

4. Dezember

In Nürnberg artikulieren Mitglieder der verbotenen FDJ parallel zur zweiten Lesung im Bundestag ihre Kritik an den Verträgen durch Flugblattbomben und Flugzettel.

7. Dezember

In Essen demonstrieren 250 Menschen gegen die Ratifizierung der beiden Verträge. Es kommt zu gewalttätigen Auseinandersetzungen und 42 Verhaftungen.

12.-20. Dezember

Der WELTFRIEDENSRAT veranstaltet in Wien den Völkerkongress für den Frieden. Ca. 2.000 Delegierte und Gäste aus 85 Staaten nehmen daran teil. Dem Kongresspräsidium gehören an: Der brasilianische Schriftsteller Jorge Amado, der britische Wissenschaftler Desmond Bernal, der sowjetische Schriftsteller Ilja Ehrenburg, der amerikanische Schriftsteller Howard Fast, der italienische Republikaner Giuseppe Nitti, der französische Philosoph Jean-Paul Sartre, der tschechische Langstreckenläufer Emil Zatopek, Wilhelm Elfes und Joseph Wirth.

1953

Januar

Bundesdeutsche Teilnehmer des Wiener Völkerkongresses für den Frieden veranstalten in Bremen, München und Stuttgart Kundgebungen. Rosl Hillebrand (SPD) und Josef Angenfort (KPD) fordern in ihren Reden außerparlamentarische Aktivitäten gegen den General- und EVG-Vertrag sowie gegen die Remilitarisierung der BRD.

In Eisenberg (Ostthüringen) konstituiert sich eine Widerstandsgruppe von Schülerinnen und Schülern der Oberschule. Mit Flugblättern und Plakaten protestieren sie gegen die Scheinwahlen zur Volkskammer sowie gegen die zunehmende Militarisierung der DDR. Am 21. Januar 1956 verüben die Jugendlichen einen Brandanschlag auf einen Schießstand, welcher von der paramilitärischen Gesellschaft für Sport und Technik (Am 7. August 1952 als „sozialistische Wehrorganisation" gegründet), der Volkspolizei und den SED-Kampfgruppen benutzt wird.

1. Februar

In Duisburg nehmen 3.000 Menschen an einem Protest gegen die Ratifizierung des General- und EVG-Vertrags teil. Die angekündigten Delegationen aus den Nachbarländern Frankreich, Belgien und den Niederlanden können nicht teilnehmen, da ihnen die Einreisevisa verweigert wurden. Der Hauptredner Oskar Müller (KPD) sieht den Frieden in Europa bedroht. Bundeskanzler Adenauer müsse gestürzt werden, dann wäre der Weg zur Wiedervereinigung frei.

4. Februar

In der Bundesrepublik beginnen die Jusos mit einer Kampagne gegen die Werbeaktivitäten der französischen Fremdenlegion. Das Hauptkontingent dieser 1946 als Kolonialtruppe neu gegründeten Organisation stellen Deutsche, darunter nicht wenige ehemalige SS-Leute. Der Bundestag beschließt am selben Tag einstimmig, dass die Werbung für die Fremdenlegion unter Strafe gestellt wird.

In Moskau erhält der Kulturminister der DDR, Johannes R. Becher, den Internationalen Friedenspreis.

21. Februar

Der Plan des amerikanischen Bankiers James Warburg wird von Harald Abatz (DEUTSCHE FRIEDENSGESELLSCHAFT) begrüßt. Der Warburg-Plan sieht vor: Die Gebiete bis zur Oder werden an Deutschland zurückgegeben, Deutschland wird wiedervereint und unter UN-Kontrolle neutralisiert, Deutschland darf für die Zeit von 5-10 Jahren keinem Militärbündnis beitreten.

Die VVN wird in der DDR aufgelöst. An die Stelle tritt das Komitee der antifaschistischen Widerstandskämpfer.

März

In Freiburg wird eine Plakataktion der INTERNATIONALE DER KRIEGSDIENSTGEGNER gegen die Verabschiedung des Generalvertrags untersagt. Ein erneuter Versuch der Plakatierung scheitert am 18. Juli.

Im München versammeln sich 2.000 Personen zu einer Kundgebung gegen den General- und EVG-Vertrag. Die Landtagsabgeordnete Rosl Hillebrand (SPD) ruft dazu auf, die Verträge in letzter Minute zu stoppen.

Zahlreiche Delegationen von Friedenskomitees, Betriebsräten, der SPD und von Gewerkschaften reisen aus dem ganzen Bundesgebiet nach Bonn, um vor dem 19. März gegenüber den Bundestagsabgeordneten die Ablehnung ihrer jeweiligen Organisation zu der bevorstehenden Ratifizierung der EVG-Verträge zum Ausdruck zu bringen.

2. März

In Köln gründet sich ein WESTDEUTSCHER KREIS DER INTERNATIONALEN KONFERENZ ZUR FRIEDLICHEN LÖSUNG DER DEUTSCHEN FRAGE, der sich gegen die Wiederaufrüstung richtet. Diesem Kreis gehören u.a. Joseph Wirth und Martin Niemöller an.

4. März

Auf der Jahreshauptversammlung der ARBEITSGEMEINSCHAFT DEUTSCHER FRIEDENSVERBÄNDE in Bonn referiert Helene Wessel über *Die heutige Lage der Weltpolitik und die gesamtdeutsche Frage*. Wessel spricht sich gegen eine Militarisierung Westdeutschlands und gegen eine Sowjetisierung Ostdeutschlands aus, und fordert einen Friedensvertrag für Gesamtdeutschland.

8. März

In Oberhausen und anderen Städten der BRD demonstrieren Tausende von Frauen am Internationalen Frauentag für die Gleichberechtigung und gegen die Wiederbewaffnung.

12. März

In Bochum, Duisburg und Essen demonstrieren Tausende gegen die Ratifizierung des EVG-Vertrags.

14. März

In Heidelberg, Köln, Mönchengladbach und Wuppertal protestieren Tausende gegen die Ratifizierung des EVG-Vertrags.

17. März

Die Betriebsräte der IG Metall beschließen in München eine Protestresolution gegen die Ratifizierung des EVG-Vertrags.

In Mainz findet trotz eines Verbots ein Frauenfriedenstag statt, der von der WESTDEUTSCHEN FRAUENFRIEDENSBEWEGUNG organisiert wird. Die Veranstaltung, an der 400 Frauen teilnehmen, wird von Maria Häffner (Hessischer Landesvorstand der DEUTSCHEN FRIEDENSGESELLSCHAFT) geleitet.

17./18. März

Aus Protest gegen die bevorstehende dritte Lesung des General- und EVG-Vertrags im Deutschen Bundestag tritt die Belegschaft der Deutschen Edelstahlwerke in Remscheid in einen 24stündigen Streik.

18./19. März

Die INTERNATIONALE DER KRIEGSDIENSTGEGNER führt in Hamburg eine symbolische Verbrennung des EVG-Vertrags durch.

19. März

Der Bundestag billigt gegen die Stimmen von SPD, KPD, Zentrum und einigen unabhängigen Abgeordneten in dritter Lesung den General- und EVG-Vertrag. Erst nach mehreren Stunden gelingt es der Polizei, die Demonstranten gegen die Verträge mit Gummiknüppeln auseinander zu treiben.

Im Hamburger Stadtteil Wilhelmsburg führt die KPD eine Protestkundgebung gegen die Wiederaufrüstung durch.

20. März

In Dresden demonstrieren Zehntausende Menschen gegen die Ratifizierung des General- und EVG-Vertrags durch den Bundestag.

21. März

In Halle/Saale demonstrieren 80.000 Menschen gegen die Ratifizierung des General- und EVG-Vertrags.

16. April

In Duisburg treffen sich 500 Frauen zu einer Protestveranstaltung gegen die politische Verfolgung der WESTDEUTSCHEN FRAUENFRIEDENSBEWEGUNG, Rednerinnen: Klara-Marie Faßbinder, Helene Wessel, Gertrude Legermann und Ingeborg Küster.

17. April

Der Schriftsteller Stefan Heym, der 1935 als Emigrant in die USA flüchtete und seit 1952 in Berlin-Ost lebt, gibt den an ihn während des Zweiten Weltkriegs verliehenen Orden aus Protest gegen die Politik der USA (Koreakrieg) zurück.

Frühjahr

Arno Schmidt veröffentlicht seine Kurzroman *Aus dem Leben eines Fauns* und thematisiert darin die Desertion.

1. Mai

In München wendet sich Richard Crossman (Labour Party) auf einer Kundgebung des DGB gegen eine Wiederbewaffnung Deutschlands. Nach dem Ende der Veranstaltung geht die Polizei massiv gegen Demonstranten vor, die Transparente gegen die Remilitarisierung entrollen. Nach einem Wasserwerfereinsatz stirbt der Gewerkschafter Georg Bachl.

9./10. Mai

In vielen Orten der BRD (z.B.: Frankfurt am Main, Essen, München, Karlsruhe, Hamburg, Stuttgart, Dortmund, Velbert) finden Demonstrationen, Kundgebungen und Gedenkfeiern für den vor einem Jahr während der friedenspolitischen Jugendkarawane in Essen von der Polizei erschossenen Eisenbahnarbeiters Philipp Müller statt.

10. Mai

In Düsseldorf wird der BUND DER DEUTSCHEN FÜR EINHEIT, FRIEDEN UND FREIHEIT gegründet. Zu gleichberechtigten Vorsitzenden werden Joseph Wirth und Wilhelm Elfes gewählt. Ziele dieses Bundes sind die Verständigung zwischen Ost und West sowie eine demokratische Regierung, die aus freien, gesamtdeutschen Wahlen hervorgeht.

11. Mai

Der in Bruchsal inhaftierte Leiter des westdeutschen Zentralbüros der FDJ, Jupp Angenfort (KPD), fordert in einem Offenen Brief die Jugend auf, die Umsetzung des General- und EVG-Vertrags zu verhindern.

12. Mai

In Fulda erscheint erstmals die *Deutsche Volkszeitung*. Zunächst täglich, dann wöchentlich, etabliert sich die Zeitung im Umfeld von Gruppen der Wiederbewaffnung und Wiedervereinigung. Initiatoren sind Heinrich Kierzek und Wilhelm Elfes.

Juni

In Krefeld greift die Polizei bei einer Wahlkampfveranstaltung der GESAMTDEUTSCHEN VOLKSPARTEI (Hauptredner: Gustav Heinemann und Wilhelm Godde) ein, als Willi Sinnecker zu Spenden für den Wahlkampf seiner Partei aufruft. Die Polizei wertet diesen Aufruf als einen Verstoß gegen das noch gültige Sammlungsgesetz von 1934, wonach die Durchführung öffentlicher Sammlungen genehmigungspflichtig sei.

1.-4. Juni

Auf einer wehrpolitischen Konferenz des RINGES POLITISCHER UND FREIER STUDENTENVERBÄNDE in Bonn wird die Verankerung des Rechts auf Kriegsdienstverweigerung im Grundgesetz, die allgemeine Wehrpflicht als demokratischste Form des Wehrdienstes sowie eine ständige parlamentarische Kontrolle des geplanten deutschen Kontingents in einer Europaarmee gefordert.

6. Juni

Auf einer Wahlkundgebung der CDU in Bielefeld kommt es während der Rede des Sicherheitsbeauftragten der Bundesregierung, Theodor Blank, zu lautstarken Protesten.

6./7. Juni

Ehemalige Häftlinge des früheren Konzentrationslagers Dachau verabschieden einen *Appell an alle Völker und Regierungen*, indem sie sich gegen eine Politik der Wiederbewaffnung und Renazifizierung wenden.

7. Juni

In Köln findet der erste Parteitag des BUNDES DER DEUTSCHEN FÜR EINHEIT, FRIEDEN UND FREIHEIT statt. Einer der beiden Parteivorsitzenden, Wilhelm Elfes, bedauert, dass es zu keiner Einigung mit Gustav Heinemann und der GESAMTDEUTSCHEN VOLKSPARTEI gekommen sei. Die entscheidende Differenz, so Elfes, bestehe darin, dass die Partei Heinemanns zu sehr antikommunistisch orientiert sei.

12. Juni

Bei einer Wahlkundgebung der CDU mit Theodor Blank kommt es in Hagen zu Tumulten.

15.-20. Juni

In Budapest findet eine Tagung des WELTFRIEDENSRATES statt. Sie steht nach Stalins Tod und einem näher gerückten Waffenstillstand im Koreakrieg im Zeichen der Hoffnungen auf Entspannung.

17. Juni

Der Aufstand in der DDR wird durch sowjetische Truppen militärisch niedergeschlagen.

Das ganze Jahr 1953 bringt einen neuen Höchststand an unerlaubten Entfernungen und Desertionen im Bereich der Kasernierten Volkspolizei.

Gemeldete Entfernungen: 14.496, davon Festnahmen: 3539, davon freiwillige Rückkehr: 9117, Desertionen:1940, davon Offiziere: 82

Juli

In Frankfurt/Main wenden sich 15 hessische Pfarrer mit dem Aufruf *An alle!* an die Öffentlichkeit, um gegen die Wiederbewaffnung zu protestieren und alle Wehrpflichtigen aufzufordern, das Recht auf Kriegsdienstverweigerung wahrzunehmen.

Insgesamt fünfmal versucht die Friedensgruppe DIE STREITLOSEN bei Herleshausen mit Fahrrädern vergeblich ohne Einreisepapiere die Grenze zur DDR zu überschreiten. Die Gruppe, zu der auch die Studentin Barbara Rotraut Pleyer (Friedensappell während der Sommerolympiade in Helsinki) gehört, will durch diese Aktion zur friedlichen Wiedervereinigung beitragen.

1. Juli

In Bonn demonstrieren 700 Menschen aus Düren und Bergheim gegen den Bau eines in Nörvenich (Kreis Düren) geplanten Flugplatzes, der besonders von Düsenjägern benutzt werden soll.

13. Juli

Zur Erinnerung an das in den USA hingerichtete Ehepaar benennt eine Friedensgruppe die Kreuzschule in Düsseldorf in Ethel- und Julius-Rosenberg-Schule um. In einem Appell an das Stadtparlament werden die Fraktionen aufgerufen, diese Maßnahme zu unterstützen und zu legalisieren.

30. Juli

Der SPD-Vorstand wendet sich an die westlichen Alliierten und protestiert gegen die Lärmbelästigung der Bevölkerung durch Tiefflieger.

August

Der INTERNATIONALE VERSÖHNUNGSBUND wendet sich in einem Aufruf an Katholiken und fordert diese dazu auf, bei der Bundestagswahl im September nur solche Personen und Parteien zu wählen, die „überzeugt sind, daß dem gesamten deutschen Volk in seiner nationalen und sozialen Not nicht mit gewaltpolitischen und mit militärischen Mitteln geholfen werden kann." De facto bedeutet dies ein Wahlaufruf für die GVP/BdD, da die im Bundestag vertretenen Parteien die Remilitarisierung, wenn auch in unterschiedlichen Nuancen, bejahten.

7. August

Das Präsidium der GESAMTDEUTSCHEN VOLKSPARTEI wendet sich in Bonn mit einem Wahlaufruf an die Bevölkerung. Darin wird die Politik der Bundesrepublik kritisiert, da die Unterzeichnung des General- und EVG-Vertrags die Spaltung Deutschlands verschärfe und die Gefahr eines neuen Krieges vergrößere.

12. August

Erste Wasserstoffbombe der Sowjetunion gezündet.

2. September

Auf einer Frauenfriedenstagung der WESTDEUTSCHEN FRAUENFRIEDENSBEWEGUNG in Köln-Ehrenfeld referiert vor mehr als 1.000 Frauen mit Alfons Spielhoff erstmals ein Funktionär der DEUTSCHEN FRIEDENSGESELLSCHAFT.

18. September

Das Landesverwaltungsgericht Düsseldorf weist eine Klage von Wilhelm Elfes zurück, mit der dieser die Verlängerung seines Reisepasses erreichen möchte. Auf Weisung des nordrhein-westfälischen Innenministeriums verweigerte ihm die Stadtverwaltung Mönchengladbach den Pass. Das Gericht stützt sich in der Urteilsbegründung auf § 7 Abs. I des Gesetzes über das Passwesen vom 4. März 1952. Darin heißt es, dass der Pass zu versagen sei, wenn der Antragsteller die innere oder äußere Sicherheit der Bundesrepublik gefährde. Elfes habe durch seine Teilnahme am Kongress der Völker für den Frieden in Wien im Dezember 1952, an einer Tagung des Weltfriedensrats sowie einem Gespräch mit dem Präsidenten der französischen Nationalversammlung, Eduard Herriot, diesen Tatbestand erfüllt.

23. September

Auf einer Tagung des DEUTSCHEN FRIEDENSRATES in Berlin-Ost wird der Weltfriedenspreis des Jahres 1953 an Jeanne Stern, Kurt Stern und Martin Hellberg für den DEFA-Film *Das verurteilte Dorf* verliehen. Die Laudatio hält Arnold Zweig.

25. September

Sieben Mitglieder der SPD und der Jungsozialisten gründen in Köln die GRUPPE KÖLNER WEHRDIENSTVERWEIGERER E.V. Maßgeblich beteiligt an dieser Gründung sind Hans Hermann Köper und Hans-Jürgen Wischnewski. Diese pazifistische Organisation nimmt eine rasante Entwicklung wie der Blick auf die Mitgliederentwicklung zeigt.

1954: 1.000 Mitglieder, 1955: 3.000 Mitglieder, 1956: 15.000 Mitglieder, 1957: 18.000 Mitglieder.

3.-6. Oktober

Die VII. Delegiertenkonferenz des Sozialistischen Deutschen Studentenbundes in Hamburg steht ganz im Zeichen der Wiederbewaffnung. Die pazifistisch eingestellte Minderheitsfraktion ist der Meinung, dass mit einer Beteiligung der BRD an der EVG die Wiedervereinigung unerreichbar geworden sei.

4.-9. Oktober

Der 3. ordentliche DGB-Kongress in Frankfurt am Main lehnt jeden Wehrbeitrag ab.

11. Oktober

In Prag kommen 5.000 Menschen aus West- und Osteuropa zu einem Kongress für die friedliche Lösung der deutschen Frage zusammen. In einer Grußbotschaft an die deutsche Bevölkerung wird vor der Wiederaufrüstung und einer Kriegsgefahr gewarnt.

9. November

Die nordrhein-westfälische Kultusministerin Teusch (CDU) suspendiert die Professorin an der Pädagogischen Akademie in Bonn, Klara-Marie Faßbinder, ohne Angabe von Gründen vorläufig vom Dienst. Das Kesseltreiben konservativer und katholischer Kreise gegen die engagierte Pazifistin setzt sich fort. Erst im Jahre 1956 wird Faßbinder rehabilitiert. Sie arbeitet weiter in der WESTDEUTSCHEN FRAUEN-FRIEDENSBEWEGUNG.

23.-28. November

Auf der Tagung des WELTFRIEDENSRATES in Wien spricht auch Martin Niemöller. Für ihn ist der Dienst für den Frieden eine Grundhaltung des Christentums.

10.-12. Dezember

An dem Deutschen Friedenstag in Weimar nehmen 1.200 Delegierte und Gäste aus der DDR, der BRD und zwölf anderen Staaten teil, darunter Wilhelm Elfes, Martin Niemöller und der Hamburger Kommunist Hein Fink, Präsidiumsmitglied des WESTDEUTSCHEN KOMITEES DER FRIEDENSKÄMPFER.

18. Dezember

Rede Ulbrichts über die Aufgaben und den Aufbau der Kasernierten Volkspolizei.

1954

7. Januar

Im Vorfeld der Außenministerkonferenz der Westmächte und der Sowjetunion spricht Martin Niemöller in Berlin-West vor 1.500 Menschen. Nach der Beendigung des Koreakrieges, so Niemöller, sei die Zeit für Verhandlungen günstig.

15. Januar

Der Kreistag von Brilon (Sauerland) wendet sich in einer Erklärung gegen den von der britischen Besatzungsmacht angeordneten Einbau von Sprengkammern in Verkehrswegen sowie anderen Objekten.

21. Januar

Der Bundesvorstand der DEUTSCHEN FRIEDENSGESELLSCHAFT drückt in einem Schreiben an die Außenminister Großbritanniens, Frankreichs, der USA und der Sowjetunion die Hoffnung aus, dass auf der stattfindenden Viermächtekonferenz die grundlegenden Differenzen überbrückt werden können, um einen neuen Weltkrieg zu verhindern.

Das Präsidium der WESTDEUTSCHEN FRAUENFRIEDENSBEWEGUNG fordert die vier Außenminister auf, in Deutschland keine Aufrüstung zuzulassen und Deutschland zu neutralisieren. Einen entsprechenden Vorschlag befürwortet auch die INTERNATIONALE FRAUENLIGA FÜR FRIEDEN UND FREIHEIT.

23. Januar

In einem Offenen Brief fordert Gustav Heinemann Bundeskanzler Adenauer auf, dass sich Deutschland weder einseitig an die USA noch an die Sowjetunion binden dürfe.

Februar

Im belgischen Seebad Knokke findet ein Treffen zwischen Schriftstellern aus Ost und West statt, Teilnehmer sind u.a. Bertolt Brecht, Simone de Beauvoir, Carlo Levi, Anna Seghers und Jean-Paul Sartre. Ein Vorschlag Brechts, eine einseitige Protesterklärung gegen die Atombombenversuche der USA zu veröffentlichen, wird abgelehnt.

18. Februar

In Berlin-West folgen mehrere tausend Demonstranten einem Aufruf von DGB und DAG, um gegen den enttäuschenden Verlauf der Außenministerkonferenz der vier Siegermächte zu demonstrieren. Die Redner kritisieren vor allem die Haltung des sowjetischen Außenministers Molotow, und rufen die Bevölkerung der DDR zum Widerstand gegen das SED-Regime auf.

In Berlin-Ost versammeln sich 200.000 Menschen zu einer Kundgebung. Die Redner kritisieren den Vertrag zur Bildung einer Europäischen Verteidigungsgemeinschaft, und rufen die Bevölkerung der BRD zum Widerstand gegen diesen Vertrag auf.

26. Februar

Der Bundestag in Bonn beschließt mit der erforderlichen Zweidrittelmehrheit das Gesetz zur Wehrergänzung des Grundgesetzes. Damit wird die Einführung der allgemeinen Wehrpflicht möglich. In mehreren Städten der BRD und der DDR protestieren Mitglieder der KPD und SED gegen dieses Gesetz.

Die Jungsozialisten lehnen auf ihrer Jahreshauptversammlung die Remilitarisierung der Bundesrepublik ab.

3. März

In Berlin-West verhaftet die Polizei 32 Mitglieder der SED, die vor Großbetrieben Flugblätter verteilen, um damit gegen die Ratifizierung des EVG-Vertrags und gegen die Erhöhung der Brotpreise zu protestieren.

8. März

Der DEMOKRATISCHE FRAUENBUND DEUTSCHLANDS führt wieder mehrere Veranstaltungen zum Internationalen Frauentag durch. In Oberhausen und anderen Städten demonstrieren Frauen für Abrüstung, Wiedervereinigung, Sicherung der Arbeitsplätze und Gleichberechtigung.

14. März

Der Kreisparteitag der Kölner SPD votiert mit der absoluten Mehrheit der Stimmen der Delegierten gegen die Wiederbewaffnung. Ähnliche Positionen beziehen die Konferenzen der SPD-Unterbezirke Bamberg und Bayreuth, der SPD-Ortsverein Hof, die Jungsozialisten in mehreren Städten und der Hamburger Bezirksverband Der Falken.

21. März

Die Landeskonferenz Bayern der Gewerkschaftsjugend gibt in Würzburg im Namen von 100.000 jüngeren DGB-Mitgliedern eine Erklärung ab, in der sie den DGB-Bundesvorstand auffordert, die EVG und die Remilitarisierung der Bundesrepublik eindeutig abzulehnen.

24. März

Die Polizei verhindert in mehreren Teilen von Berlin-West Demonstrationen von SED- und FDJ-Mitgliedern gegen den EVG-Vertrag.

26. März

Der britische Journalist und Deutschland-Korrespondent Sefton Delmer warnt in einer Artikel-Serie im Daily Express vor einer deutschen Wiederbewaffnung.

8. April

Der Kinderbuchautor James Krüss tritt in München der INTERNATIONALE DER KRIEGSDIENSTGEGNER bei. Durch Gedichte engagiert sich Krüss fortan gegen die Wiederbewaffnung.

12. April

Die Jungsozialisten Frankens fordern auf ihrer Bezirkskonferenz auf Schloss Schney die SPD-Bundestagsfraktion auf, einen Antrag gegen den Einsatz von Atombomben und ihre Ächtung zu stellen.

14. April

Der Friedensnobelpreisträger Albert Schweitzer wendet sich in einem Offenen Brief an die Atomphysiker und fordert sie auf, sich öffentlich gegen weitere Tests mit Wasserstoffbomben auszusprechen.

15. April

Ein Kreis hessischer Pfarrer wendet sich in einem Brief an die im Sommer 1954 stattfindende Weltkirchenkonferenz in Evanston (USA) mit der Bitte, alle politischen Mächte der Welt zur Unterzeichnung eines generellen Verbots für Atomwaffen aufzufordern. Hintergrund dieses Schreibens: Am 1. März hatten die USA im Pazifik eine Wasserstoffbombe mit der 600fachen Sprengkraft der Hiroshima-Bombe gezündet.

25./25 April

Die ARBEITSGEMEINSCHAFT DEUTSCHER FRIEDENSVERBÄNDE beschließt auf ihrer Mitgliederversammlung in Hamburg eine Resolution zur Ächtung von Atom- und Wasserstoffbomben.

29. April

Der Geisenheimer Pfarrer Hermann Sauer protestiert in einem Offenen Brief an die Kirchenleitung der Evangelischen Kirche in Hessen und Nassau gegen die Aufstellung von Atomgeschützen auf deutschem Boden und fordert von der Kirche eine deutliche Verurteilung dieser Waffen.

3. Mai

In Leuna (Bezirk Halle) beteiligen sich 300 Chemiearbeiter an einem Gesamtdeutschen Arbeitergespräch. Nach offiziellen Angaben soll die Hälfte aus der BRD und Berlin-West kommen. Ziel ist der Kampf gegen die Politik der Remilitarisierung.

7. Mai

Die Stadtverordneten des hessischen Runkel erwirken eine gerichtliche Verfügung gegen den vom Hauptquartier der US-Armee in Heidelberg angeordneten Einbau von Sprengkammern in die im Jahre 1315 erbaute Lahnbrücke. Trotzdem beginnt der Einbau.

9. Mai

In München findet in Anwesenheit von ehemaligen KZ-Häftlingen und Witwen von NS-Opfern eine Gedenkfeier zur Befreiung vom Faschismus statt. In der Festansprache schildert Oberregierungsrat Willi Gronauer noch einmal die Schrecken der NS-Zeit. Auch heute gelte es, Militarismus und Faschismus zu bekämpfen. Der Redner verweist positiv auf die weltweite Bewegung zur Ächtung und zum Verbot von Atombomben sowie anderen Massenvernichtungswaffen.

In Berlin-Ost kommen 700 Delegierte, darunter auch Menschen aus der BRD und Berlin-West, zur Berliner Friedenskonferenz zusammen. Das Hauptreferat hält der Vorsitzende des BERLINER FRIEDENSRATES, Robert Havemann unter dem Titel *Für Deutschlands Einheit und Europas Sicherheit*.

15./16. Mai

In Berlin-Ost nehmen 5.000 Delegierte, darunter auch einige aus der BRD, am II. Deutschen Nationalkongress der Nationalen Front teil. Diskutiert werden Fragen der Wiedervereinigung und der Remilitarisierung. Deutsche Fremdenlegionäre, die in Vietnam kämpfen, werden aufgefordert die Waffen niederzulegen und zurückzukehren.

21. Mai

Die beiden Ratsvorsitzenden der EKD, Otto Dibelius und Hanns Lilje, veröffentlichen eine Erklärung *Zur Entwicklung der Atomwaffen*, die in allen evangelischen Gemeinden verlesen werden soll. Darin appellieren die Kirchenführer an die Politiker der Welt, der Entwicklung dieser Waffen Einhalt zu gebieten.

In Köln wird die Gedenkstätte für die Opfer beider Weltkriege eingeweiht.

23.-28. Mai

In Berlin-Ost tritt der WELTFRIEDENSRAT zu einer außerordentlichen Sitzung zusammen. Einstimmig angenommen wird eine Resolution, wonach keine Experimente mit Atom- und Wasserstoffbomben durchgeführt werden sollen. Ferner sollen diese Waffen nicht eingesetzt werden. Ebenso einstimmig wird die Hoffnung formuliert, dass nach dem Waffenstillstand in Korea und dem Sieg der Vietminh in Dien Bien Phu ein positives Ergebnis der Genfer Außenministerkonferenz möglich sei. Zu erwarten sei auch die Beseitigung der Militärpakte in Asien und Europa sowie eine Abkehr von den Bonner und Pariser Verträgen. Den mit jeweils 5.000 Dollar dotierten Internationalen Friedenspreis erhalten der Regisseur und Schauspieler Charlie Chaplin sowie der Komponist Dimitri Schostakowitsch.

25. Mai

In Berlin-Ost konstituiert sich ein ZENTRALER AUSSCHUSS FÜR VOLKSENTSCHEID, der die Bevölkerung zur Teilnahme an einem Volksentscheid über *Friedensvertrag oder EVG-Verträge?* aufrufen will.

26. Mai

Die Volkskammer der DDR beschließt eine Volksbefragung *Sind Sie für Friedensvertrag und Abzug der Besatzungstruppen oder EVG-Vertrag und Generalvertrag und Belassung der Besatzungstruppen auf 50 Jahre?*

3./4. Juni

In Berlin-Ost nehmen am Deutschen Jugendkongress für Frieden, Einheit und Freiheit 4.385 Delegierte und 696 Gäste, auch aus bundesdeutschen Jugendverbänden, teil. Mit der Entschließung *Ruf an die deutsche Jugend* wenden sich die Teilnehmenden besonders an die Jugendlichen in der Bundesrepublik, die zum Kampf gegen den General- und EVG-Vertrag aufgefordert werden.

5.-7. Juni

In Berlin-Ost findet unter dem Motto *Für Frieden, Freiheit und Einheit* das von der FDJ organisierte 2. Deutschlandtreffen der Jugend statt. Neben den 700.000 jungen Menschen aus der DDR sollen nach offiziellen Angaben auch 25.000 Jugendliche aus der BRD (Trotz der Verbote einiger Innenminister) und anderen westeuropäischen Staaten teilnehmen. In einem Aufruf wird festgestellt, dass es die gemeinsame Sache der Jugend – unabhängig von verschiedenen weltanschaulichen Überzeugungen – sei, sich gegen Militarismus und Kriegsgefahr zu engagieren.

6. Juni

In Wiesbaden treffen Otto Hahn und Martin Niemöller zusammen. Dabei informiert Hahn Niemöller über die große Zerstörungskraft von Atombomben.

7. Juni

Die Jungsozialisten veröffentlichen in Bonn eine Broschüre über Deutsche in der französischen Fremdenlegion. Danach sollen 100.000 Deutsche Angehörige der Fremdenlegion sein, wovon 80.000 im Indochinakrieg eingesetzt werden. Der französische Hohe Kommissar, André Francois-Poncet gibt wesentlich niedrigere Zahlen an.

14. Juni

Vor dem 6. Strafsenat des Bundesgerichtshofes in Karlsruhe beginnt der Prozess gegen die KPD-Funktionäre Oskar Neumann, Karl Dickel und Emil Bechtle. Sie werden beschuldigt als Mitglieder des HAUPTAUSSCHUSSES ZUR DURCHFÜHRUNG DER VOLKSBEFRAGUNG GEGEN DIE REMILITARISIERUNG DEUTSCHLANDS den Sturz der Bundesregierung und somit Hochverrat begangen zu haben.

26. Juni

In der Gemeinde Staffel (bei Limburg) verhindert der Bürgermeister Hendricks zunächst den Einbau von Sprengkammern in die dortige Lahnbrücke. Am 27. September beginnt dann doch der Einbau.

27. Juni

An dem von der KPD unterstützten Kongress für Selbstbestimmung und Frieden in Köln nehmen 895 Delegierte teil. In dem Manifest des Kongresses wird die Bevölkerung der Bundesrepublik aufgefordert, sich an der von der Bundesregierung verboten Volksbefragung über einen Friedensvertrag zu beteiligen. Die Delegierten wählen ein 70köpfiges Präsidium, das die Aktion durchführen soll. In der DDR beginnt am gleichen Tag eine von der Volkskammer beschlossene Volksbefragung. Die Beteiligung an der Protestaktion, die auch in Hamburg, Pirmasens, Kaiserslautern und Zweibrücken durchgeführt wird, ist jedoch gering.

27.-29. Juni

In der DDR findet die Volksbefragung über einen Friedensvertrag und die

Europäische Verteidigungsgemeinschaft statt. Danach sprechen sich 93,6 % für einen Friedensvertrag und den Abzug der Besatzungstruppen aus – und nicht für den EVG-Vertrag sowie die Belassung der Besatzungstruppen in Deutschland für weitere Jahre.

1./2. Juli

In Berlin-Ost findet der Gesamtdeutsche Frauenkongress, der vom DEMOKRATISCHEN FRAUENBUND DEUTSCHLANDS organisiert wird, statt. Die 4.000 Delegierten, darunter 600 aus der Bundesrepublik, fordern unter dem Motto des Kongresses *Für Frieden, Freiheit, Gleichberechtigung – für das Glück der Frauen in ganz Deutschland* eine Aktivierung von Frauen und Müttern gegen die sich abzeichnende Remilitarisierung. Die Delegierten beschließen die Bildung eines deutschen Frauenrates, der sich für die Rechte der Frauen und den Frieden einsetzen soll. Diesem Frauenrat gehören 36 Frauen aus beiden deutschen Staaten an.

2. Juli

Auf einer Pressekonferenz in Berlin-Ost kritisiert der ehemalige Generalfeldmarschall Friedrich Paulus die politische Grundorientierung der USA und der Bundesrepublik.

6. Juli

Der Vorstand der ARBEITSGEMEINSCHAFT DEUTSCHER FRIEDENSVERBÄNDE beschließt einen Aufruf gegen Brückensprengungen.

9./10. Juli

Mit einer Protestaktion wenden sich die Menschen der Siedlung Am Großen Blink in Bremerhaven gegen den Versuch der amerikanischen Besatzungsmacht, eine Zwangsräumung der dortigen Wohnungen zu erwirken. Die amerikanische Militärverwaltung will auf dem Gelände eine Wohnsiedlung für amerikanische Armeeangehörige errichten.

14. Juli

Der Bundestag stimmt im Zusammenhang mit dem Konflikt der Siedlung in Bremerhaven einem Antrag der DP zu, indem die Bundesregierung aufgefordert mit, unverzüglich in Verhandlungen mit der amerikanischen Besatzungsmacht zu treten, um die 62 Häuser zu retten. Ebenfalls angenommen wird ein Antrag der SPD, wonach bei allen Bauvorhaben der Besatzungsmächte die Beschlagnahmung von Wohnhäusern möglichst vermieden werden soll.

16. Juli

Zu einer Protestversammlung des DGB in Rheydt gegen ein geplantes Bundes-Marinetreffen kommen 500 Menschen zusammen.

19. Juli

In Berlin-Ost demonstrieren 150.000 Menschen gegen die Wiederbewaffnung in der Bundesrepublik.

20.-24. Juli

In Berlin-West findet der Parteitag der SPD statt. Der wieder gewählte Vorsitzende, Erich Ollenhauer, betont, dass die Partei die EVG ablehne, aber grundsätzlich an einem Wehrbeitrag festhalte. Einige Delegierte kritisieren diesen Kurs der Remilitarisierung, aber der Parteitag befürwortet in einer *Entschließung zur Außenpolitik* die vom Parteivorstand vertretene Linie der Wiederbewaffnung unter bestimmten Bedingungen.

24. Juli

In Berlin-Ost wird das Ergebnis der Volksabstimmung in Berlin-West bekannt gegeben. Danach haben 172.915 Menschen für einen Friedensvertrag und 2.418 für den EVG-Vertrag entschieden, 6.064 enthielten sich der Stimme.

August

In einem Offenen Brief fordert Marga Hunger im Namen des BUNDES DER DEUTSCHEN die niedersächsischen Landtagsabgeordneten auf, sich dafür einzusetzen, dass der Einbau von Sprengkammern in Brücken und Straßen ihres Bundeslandes verhindert wird.

Der Rat der Stadt Mülheim/Ruhr wendet sich mit einer Resolution gegen die vom nordrhein-westfälischen Verkehrsminister Middelhauve im Auftrag der Besatzungsmächte erlassene Anordnung, keinen Widerstand gegen den Einbau von Sprengkammern in die über die Ruhr führende Schlossbrücke zu leisten.

Der Rat der Stadt Bochum untersagt den Einbau von Sprengkammern innerhalb des Stadtgebiets und fordert den Deutschen Städtetag auf, Aktionen gegen die von den Besatzungsmächten angeordneten Maßnahmen zu unternehmen.

In Rünthen mauern Unbekannte mehrere bereits fertig gestellte Sprengkammern in der über die Lippe führenden Brücke wieder zu.

2. August

Der Bundesgerichtshof verurteilt Oskar Neumann und Karl Dickel, Kommunisten im Hauptausschuss der Volksbefragung, als Mitglieder einer „verfassungsfeindlichen und kriminellen Vereinigung" jeweils zu drei Jahren Gefängnis.

4./5. August

In Bremerhaven wehren sich die Menschen der Siedlung Am Großen Blink gegen die zwangsweise Räumung von Häusern und Grundstücken für Bauvorhaben der amerikanischen Besatzungsmacht. Die Bewohner treten der Polizei mit Knüppeln und Heugabeln entgegen. Am nächsten Tag unterstützen 1.500 Beschäftigte der Werftindustrie den Widerstand. SPD und DGB distanzieren sich von den Vorfällen. Ein gewisser Erfolg wird erreicht, denn nur 25 statt der geplanten 62 Häuser werden abgerissen. Ferner erhalten die Betroffenen eine Entschädigung sowie eine Ersatzwohnung.

10. August

Unbekannte beschädigen in Runkel ein Gerüst, um dadurch den von der amerikanischen Besatzungsmacht angeordneten Einbau von Sprengkammern zu verhindern.

15.-31. August

Die Vollversammlung des Weltkirchenrates verabschiedet auf ihrer Tagung in Evanston (US-Bundesstaat Illinois) einen Appell für Frieden und Gerechtigkeit in der Welt.

September

Das niedersächsische Innenministerium gibt bekannt, dass die britische Besatzungsmacht ihren Plan fallengelassen hat, das Übungsgelände der britischen Armee bei Bergen-Belsen durch Requirierungen zu vergrößern. Bauern hatten gegen die Beschlagnahmung von 4.300 Hektar protestiert.

In Talermühle bei Hameln schütten mehrere Einwohner einen von der britischen Besatzungsmacht eingebauten Sprengschacht wieder zu. Andere Sprengschächte werden mit Warnparolen versehen.

4. September

In Cuxhaven demonstrieren über 2.000 Menschen gegen die fortgesetzte Bombardierung einer Sandbank durch britische Militärflugzeuge. Der Stadtrat von Cuxhaven verabschiedet einige Tage später eine Erklärung, mit der er bei der Bundesregierung gegen die Bombenabwürfe protestiert. Bereits im August kam es in einigen Nordseebädern zu Klagen von Touristen gegen die Lärmbelästigungen.

10. September

An der I. Gesamtdeutschen Arbeiter- und Gewerkschaftskonferenz in Leipzig nehmen 1.200 Delegierte teil. 900 Teilnehmer sollen aus der Bundesrepublik und Berlin-West angereist sein. Herbert Warnke (SED) beklagt in seinem Referat, dass sich durch die Politik der Remilitarisierung der Aufbau des deutschen Militarismus vollzöge.

24.-26. September

Auf der 3. Bundesjugendkonferenz des DGB in Düsseldorf sprechen sich die 206 Delegierten im Namen von 670.000 jüngeren Gewerkschaftsmitgliedern einstimmig gegen die Remilitarisierung der Bundesrepublik aus.

Oktober

Die Kirchenältesten und der Pfarrer der evangelischen Gemeinde Hitzkirchen (Landreis Büdingen) wenden sich mit einem Appell *Hütet Euch vor dem Wehrdienst!* an alle christlichen Gemeinden in der Bundesrepublik.

In der Ortschaft Kösching (Landkreis Ingolstadt) wird ein Plakat beschlagnahmt, mit dem die KPD unter der Überschrift *Nie wieder Barras!* zum Widerstand gegen die Wiederbewaffnung aufruft. Der Stadtrat in München wendet sich in Protesterklärung gegen die Beschlagnahme des KPD-Plakats und die Entscheidung des Ingolstädter Amtsgerichtsrats.

Die Stadträte der Städte Mannheim und Ludwigshafen sprechen sich jeweils gegen den von der Besatzungsmacht angeordneten Einbau von Sprengkammern in die Rheinbrücken aus. Ferner appellieren sie an die Bevölkerung, sich der Durchführung der Arbeiten zu widersetzen.

Der Kreistag in Brilon spricht sich gegen den Einbau von Sprengschächten in die Sperrmauer der nahe gelegenen Diemel-Talsperre und in Straßen und Brücken aus.

2. Oktober

In Köln veranstaltet die GRUPPE DER WEHRDIENSTVERWEIGERER einen antimilitaristischen Autokorso. Die Demonstranten fordern die Anerkennung der Kriegsdienstverweigerung auch aus politischen Gründen, ein Ersatzdienst wird abgelehnt.

4.-9. Oktober

In Frankfurt am Main findet der 3. Bundeskongress des DGB statt. Am letzten Kongresstag wird die Wiederbewaffnung mit 287:4 Stimmen abgelehnt.

7. Oktober

Im Bundestag kritisiert die SPD die Verhandlungsergebnisse der Londoner Neun-Mächte-Konferenz. Ollenhauer erklärt, dass eine Wiederbewaffnung bei gleichzeitiger Integration in die NATO die deutsche Spaltung zementiere.

17. Oktober

In einer Feierstunde zum 50jährigen Jubiläum der Sozialistischen Arbeiterjugend erinnert der Stadtverordnete Rudi Arndt (SPD) daran, dass die Arbeiterjugend heute genauso wie in der Gründungszeit gegen die Wiederbewaffnung kämpfe.

18. Oktober

In Hannover versuchen Arbeiter vergeblich, im Auftrag der britischen Besatzungsmacht Sprengschächte in die Wilkenburger Brücke einzulassen. Die Bevölkerung benachrichtigte einen Beamten, der einen schriftlichen Antrag für die Bohrungen verlangte. Weder die Arbeiter noch ein Vertreter der britischen Behörde konnten ein entsprechendes Dokument vorzeigen.

19. Oktober

Die Stadtverordneten von Wetzlar protestieren gegen den von der amerikanischen Besatzungsmacht angeordneten Einbau von Sprengschächten in die aus dem 12. Jahrhundert stammende Lahnbrücke. Das Amtsgericht Wetzlar weist jedoch eine einstweilige Verfügung zurück, am 22. Oktober beginnen die Schachtarbeiten. Unbekannte verüben am 23./24. Oktober einen Brandanschlag auf Holzkisten der Baukolonne.

23. Oktober

Im französischen Magazin L'Express erscheint unter der Überschrift *Thomas Mann lance un message* ein Brief, indem sich der Schriftsteller gegen eine Wiederbewaffnung Deutschlands wendet. Eine gekürzte und unautorisierte Fassung des Textes erscheint am 30. Oktober in der Zeitung Neues Deutschland. Erst 1974 erscheint Manns Text in der Bundesrepublik.

25. Oktober

Vor einer Gaststätte in Hamburg-Harburg versammeln sich abends 150 Jugendliche und fordern mehrere Angehörige des Bundesgrenzschutzes, die im Lokal sitzen, auf, zu verschwinden. Die antimilitaristischen jungen Leute empfinden die Anwesenheit von Uniformierten als Provokation. Es kommt zu keinen gewalttätigen Auseinandersetzungen.

In Venedig versammeln sich 1.200 Bürgermeister aus acht europäischen Ländern zum

2. Europäischen Gemeindetag. Nach dem Scheitern der EVG wollen sie ein freies und friedliches Europa schaffen. Die Vertreter von Venedig, Locarno, Nizza, Luxemburg und Nürnberg legen auf dem Markusplatz einen Schwur ab, mit dem sie sich zur kulturellen und wirtschaftlichen Zusammenarbeit verpflichten. Falls ein Krieg zwischen den Ländern drohe, wollen die Stadtoberhäupter ihre Bevölkerung zum Widerstand aufrufen.

26. Oktober

In Stuttgart-Bad Cannstatt spricht Gustav Heinemann über *Deutschland und die Weltpolitik*. Dabei protestiert er scharf gegen die Unterzeichnung der Pariser Verträge durch Adenauer.

27.-29. Oktober

In Marburg findet die IX. Delegiertenkonferenz des SDS statt. Die Delegierten billigen mehrheitlich die Position Ollenhauers vom 7. Oktober, wonach die Wiederbewaffnung die deutsche Teilung vertiefe.

29. Oktober

In Riesa (Bezirk Dresden) demonstrieren Tausende von Einwohnern gegen den Abschluss der Pariser Verträge, mit denen die Weichen für eine westdeutsche Wiederbewaffnung und die Aufnahme der Bundesrepublik in die NATO gestellt werden.

November

Auf einer Wahlveranstaltung der CDU in Gießen kommt es gegen den als Hauptredner auftretenden Sicherheitsbeauftragten der Bundesregierung, Theodor Blank, zu erheblichen Protesten.

Auf einer Wahlveranstaltung der FDP in Wiesbaden wird die Rede des Ex-Panzergenerals Hasso von Manteuffel pausenlos von Zwischenrufen und anderen Missfallensbekundungen gestört.

Das Treffen ehemaliger Fallschirmjäger aus dem norddeutschen Raum wird in Düsseldorf von Demonstranten verhindert. Nach einem Aufruf des nordrhein-westfälischen DGB besetzten 100 Gewerkschafter, Jugendliche, SPD- und KPD-Mitglieder das Tagungslokal.

Die Bauern der Ortschaft Niederalben (Kreis Kusel) protestieren auf einer Versammlung gegen die Schäden, die Militärfahrzeuge im Rahmen der Herbstmanöver an ihren Äckern verursacht haben. Dem Gemeinderat wird vorgeworfen, nichts gegen die Missstände unternommen zu haben, daher müsse er zurücktreten. Ein Großteil des Waldbestandes der Gemeinde musste an den amerikanischen Truppenübungsplatz Baumholder abgetreten werden.

Die Arbeitsgemeinschaft zur Rettung der Lüneburger Heide wendet sich mit einer Resolution an den Landtag Niedersachsens, indem ein Gesetz verlangt wird, wonach die militärischen Sprengungen von Straßen, Brücken, Bahnanlagen und Bauwerken grundsätzlich untersagt wird.

Die Bauern von Lüxheim (Kreis Düren) und der Kreistag von Düren protestieren gegen die Absicht der britischen Besatzungsmacht, eine Radarstation für den Düsenjägerflugplatz Nörvenich zu errichten. Zu diesem Zweck sollen acht Morgen Ackerland beschlagnahmt werden.

Die Siedler und Kleingärtner des Gebiets Elf Buchen bei Hamburg-Harburg protestieren gegen die geplante Beschlagnahmung ihrer Grundstücke für den Bau eines Truppenübungsplatzes des Bundesgrenzschutzes.

Der Gemeinderat von Fischingen (Baden-Württemberg) spricht sich gegen den Einbau von Sprengkammern in zwei Landstraßen aus. Auch das Landratsamt in Hechingen protestiert gegen die von der Besatzungsmacht angeordneten Vorbereitungsmaßnahmen für einen Kriegsfall.

3. November

Im Wartesaal des Kölner Hauptbahnhofs findet im Rahmen der Mittwochsgespräche des Bahnhofbuchhändlers Gerhard Ludwig eine Diskussion zum Thema *Wollen die Zwanzigjährigen Soldaten werden?* statt. Ca. 1.500 Menschen sind gekommen, die Bahnpolizei muss die Eingänge schließen. Einige Vertreter der Dienststelle Blank versuchen die Notwendigkeit einer Armee zu begründen, stoßen dabei aber auf erheblichen Widerstand seitens des Publikums.

In Leverkusen verabschieden 101 Pastoren und 15 Gemeindemitglieder der Evangelischen Kirche eine Resolution, mit der sie sich gegen die Ergebnisse der Londoner und Pariser Konferenz wenden. Ferner kündigen sie an, dass sie gegebenenfalls das im Grundgesetz verankerte Recht auf Kriegsdienstverweigerung in Anspruch nehmen wollen.

4. November

In Neustadt am Rübenberge (Niedersachsen) verhindern Einwohner die Fortsetzung von Schachtarbeiten zum Einbau von Sprengkammern in die Leinebrücke. Bürgermeister Reichardt, der gesamte Rat der Stadt sowie mehrere hundert Neustädter ziehen zur Brücke und fordern die Bauarbeiter auf, die Bohrarbeiten umgehend einzustellen. Die Bauarbeiter sind von der Entschlossenheit der Bevölkerung derart beeindruckt, dass sie ihre Geräte niederlegen und den Auftrag der britischen Besatzungsmacht nicht ausführen.

Der Arzt und Theologe Albert Schweitzer nimmt in Oslo den Friedensnobelpreis (im Oktober 1953 rückwirkend für 1952) entgegen und referiert über *Das Problem des Friedens*. Darin geht er auf Konflikt- und Gewaltausbrüche ein. Der technische Fortschritt, so der Friedensnobelpreisträger von 1952, habe den Menschen zum Übermenschen gemacht. Der Glaube an die technische Vervollkommnung habe ethische Normen verdrängt. Im Jahre 1951 erhielt Schweitzer den Friedenspreis des deutschen Buchhandels.

6. November

Mitglieder der Falken sowie der Gewerkschafts- und Naturfreundejugend starten in Frankfurt am Main zu einem Motorradkorso gegen die Wiederbewaffnung. Die Fahrt durch den Berufsverkehr ruft überwiegend positive Reaktionen hervor.

7. November

Ein starker Polizeieinsatz verhindert in Essen eine Demonstration der KPD gegen die Wiederbewaffnung und den bevorstehenden Verbotsprozess vor dem Bundesgerichtshof.

8. November

60 evangelische Pfarrer mit dem Superintendenten Heuner aus dem Kirchenkreis Dortmund unterzeichnen eine Erklärung, die den Friedensappell der Weltkirchenkonferenz von Evanston unterstützt und die westdeutsche Wiederbewaffnung ablehnt.

15. November

Unter starker Polizeipräsenz findet in Frankfurt am Main eine Diskussion mit Mitarbeitern der Dienststelle Blank statt.

18.-23. November

Die Tagung des WELTFRIEDENSRATS in Stockholm steht im Zeichen der Wiederbewaffnung Westdeutschlands.

20. November

Ein Korso von Radfahrern und Autos zieht nach einem Aufruf der bayerischen Gewerkschaftsjugend durch München, um gegen die Wiederbewaffnung zu demonstrieren. Die KPD veranstaltet parallel im Zirkus Krone eine Kundgebung gegen die Remilitarisierung.

Auch in Augsburg kommt es nach einem Aufruf der bayerischen DGB-Jugend zu einem Korso gegen die Wiederbewaffnung.

22. November

Auf einer Wahlkampfveranstaltung der CSU in Nürnberg kommt es unter den 3.000 Zuhörern zu erheblichen Tumulten, als der Sicherheitsbeauftragte der Bundesregierung, Theodor Blank, eine Rede halten möchte.

23. November

Vor dem Bundesverfassungsgericht in Karlsruhe beginnt der Verbotsprozess gegen die KPD.

24. November

Auch in Augsburg kommt es beim Auftritt Blanks auf einer CSU-Wahlkampfveranstaltung zu deutlichen Tumulten.

25. November

In Obernburg am Main kommt es ebenso zu Protesten gegen die Dienststelle Blank. Blank selbst erschien aus angeblichen gesundheitlichen Gründen nicht.

25.-29. November

In Wien kommen anlässlich des zehnten Jahrestags der Befreiung vom Nationalsozialismus 634 Delegierte aus 20 Ländern zum Internationalen Treffen der Widerstandskämpfer Europas zusammen. Im Zentrum der Veranstaltung stehen Aktivitäten, um die Wiederbewaffnung zu verhindern. In einem *Manifest des Widerstands* heißt es u.a., dass die Remilitarisierung eine Rehabilitierung des NS-Staates bedeuten würde.

26. November

Auch in Fulda wird Blank bei seiner Rundreise für die Wiederbewaffnung von starken Polizeikräften geschützt, dennoch wird er mit Pfui- und Buhrufen empfangen.

27. November

In Nürnberg demonstrieren 400 Jugendliche gegen die Wiederaufrüstung und die Wiedereinführung der allgemeinen Wehrpflicht.

27./28. November

Delegierte aus Belgien, Frankreich, Großbritannien, den Niederlanden und Österreich sind zu einem Internationalen Frauenkongress nach Stuttgart-Feuerbach gekommen, um den öffentlichen Widerstand gegen die Ratifizierung der Londoner und Pariser Verträge zu organisieren.

29./30. November

Auf Initiative von Propst Heinrich Grüber treffen sich in Leipzig unter dem Motto *Waffen oder Verständigung?* 700 Pfarrer zu einer Christlichen Begegnung, darunter mehrere Dutzend Pfarrer aus der Bundesrepublik. Eine Grußadresse, unterzeichnet von dem Schweriner Domprediger Karl Kleinschmidt und dem Leipziger Theologieprofessor Emil Fuchs (beide gehörten in der Weimarer Republik zu den Religiösen Sozialisten) sowie 139 Pfarrern und Gemeindemitgliedern aus beiden deutschen Staaten, richtet sich solidarisch an die Unterzeichner der Leverkusener Erklärung gegen die Wiederbewaffnung. Um in Kontakt bleiben und sich über Initiativen austauschen zu können, wird eine ständige Kommission eingerichtet, der Vertreter der Evangelischen Kirchen beider deutscher Staaten angehören. In einer weiteren Erklärung wird die Resolution der Weltkirchenkonferenz von Evanston begrüßt.

Dezember

Auf einer Versammlung des DEMOKRATISCHEN FRAUENBUNDES DEUTSCHLANDS in Hamburg-Harburg protestieren 200 Teilnehmerinnen gegen die Errichtung eines Truppenübungsplatzes für den Bundesgrenzschutz im Gebiet Elf Buchen. Die Frauen erklären sich mit den von einer Zwangsräumung bedrohten Siedlern und Kleingärtnern solidarisch.

Der Magistrat und die Stadtverordnung von Bad Homburg wenden sich mit einer Protestresolution gegen die Absicht der amerikanischen Besatzungsmacht, ein 90 Hektar großes Waldgelände zu beschlagnahmen, um dort ein Munitionslager zu errichten. Der Oberbürgermeister ruft Polizei, Feuerwehr, Waldarbeiter und städtisches Personal dazu auf, Landvermesser und Beauftragte der amerikanischen Behörden bei der Arbeit zu hindern.

In Frankfurt am Main veröffentlichen 60 Pfarrer, Wissenschaftler, Abgeordnete und weitere Akademiker eine Eingabe an den Bundestag, in der Abgeordneten aufgefordert werden, nicht für die Ratifizierung der Pariser Verträge zu stimmen, sich gegen eine Wiederbewaffnung zu wenden und erste Schritte hin zu einer Wiedervereinigung zu unternehmen. Diese *Frankfurter Erklärung* ist u.a. unterzeichnet von der früheren fraktionslosen Bundestagsabgeordneten Thea Arnold, dem Nürnberger Verleger Joseph E. Drexel, dem Bonner Theologieprofessor Hans-Joachim Iwand und dem Dortmunder Oberkirchenrat Heinz Kloppenburg.

In Berlin-West findet die 3. Hauptversammlung des Deutschen Jugendringes mit ca. 20 verschiedenen Jugendverbänden statt. Die gesamte deutsche Jugend wird aufgerufen, in gemeinsamen Aktionen gegen die Remilitarisierung zu demonstrieren.

2. Dezember

In mehreren Städten der Bundesrepublik (Hamburg, Hannover, Bremen, Duisburg, München, Stuttgart, Wuppertal) folgen Frauen einem Aufruf des DEMOKRATISCHEN FRAUENBUNDES DEUTSCHLANDS und demonstrieren gegen die Wiederbewaffnung und Rekrutierung.

5. Dezember

Auf Einladung des evangelischen Pfarrers H. Flammersfeld versammeln sich in der Stadthalle von Solingen 1.500 Menschen zu einer Protestaktion gegen die Wiederbewaffnung. Ursprünglich war eine Diskussion mit Vertretern der Dienststelle Blank geplant, doch Wolf Graf Baudissin sagte seine Teilnahme ab. In den beiden Hauptreferaten kritisieren der Marburger Politikwissenschaftler, Professor Wolfgang Abendroth, und der Essener Rechtsanwalt Diether Posser scharf die Politik der Wiederaufrüstung. Hans-Jürgen Wischnewski von der Kölner GRUPPE DER WEHRDIENSTGEGNER fordert die zumeist jugendlichen Zuhörer auf, nicht nur den Wehrdienst, sondern auch den Ersatzdienst zu verweigern.

8. Dezember

Mit einer Petition, die u.a. von Helmut Gollwitzer, Heinrich Held, Heinz Kloppenburg und Martin Niemöller unterzeichnet ist, wenden sich in Düsseldorf 300 Repräsentanten der Evangelischen Kirche an die Abgeordneten des Bundestages, einer Ratifizierung der Pariser Verträge nicht zuzustimmen.

9. Dezember

An einer Protestveranstaltung gegen die Ratifizierung der Pariser Verträge beteiligen sich in Stuttgart 1.000 meist junge Erwachsene. Der Vorsitzende der IG Holz, Hans Seeger, fordert die Anwesenden auf, den zu erwartenden Gestellungsbefehlen nicht Folge zu leisten.

11. Dezember

In mehreren Städten der DDR finden Protestkundgebungen gegen die Ratifizierung der Pariser Verträge und die damit verbundene Wiederbewaffnung der BRD statt. In Magdeburg demonstrieren 100.000, in Rostock 55.000 und in Leipzig 8.000 Menschen.

12. Dezember

Auf einer SDS-Veranstaltung in Berlin-West warnen Josef Schroer (SDS-Vorsitzender), Harry Ristock (Die Falken) sowie ein Vertreter der DGB-Jugend vor den Gefahren der Wiederbewaffnung.

13. Dezember

Unter dem Motto *Die Pariser Kriegspakte dürfen nicht ratifiziert werden* findet in Hennigsdorf (Bezirk Potsdam) eine Kundgebung mit dem Ministerpräsidenten Otto Grotewohl gegen die westdeutsche Wiederbewaffnung statt.

14. Dezember

Der Schriftsteller Bertolt Brecht veröffentlicht in Berlin-Ost einen Protestaufruf gegen die Ratifizierung der Pariser Verträge und fordert die Bevölkerung der Bundesrepublik auf, seine Erklärung zu unterzeichnen.

15./16. Dezember

Im Bundestag findet die erste Lesung zur Ratifizierung der Pariser Verträge statt. Carlo Schmid (SPD) stellt anfangs den Antrag, die Ratifizierung bis zum Abschluss von Verhandlungen der vier Siegermächte über die Wiedervereinigung auszusetzen. Dieser Antrag wird bei drei Enthaltungen mit 236:153 Stimmen abgelehnt. Der SPD-Vorsitzende Erich Ollenhauer warnt vor einer Ratifizierung der Pariser Verträge, da sie der Politik der Wiedervereinigung schaden. Auch zeige die Jugend, dass sie einen Militarismus und Militärdienst nicht hinnehmen wolle. Bundeskanzler Adenauer verteidigt seinen Kurs.

16. Dezember

Bei einer Diskussionsveranstaltung des AStA der Universität Freiburg über die Wiedereinführung der allgemeinen Wehrpflicht werden von mehreren Rednern Bedenken geäußert.

Auf einer Kundgebung in Berlin-Ost protestieren 60.000 Menschen, darunter mehrere tausend Bewohner von Berlin-West, gegen die Ratifizierung der Pariser Verträge durch die Bundesrepublik.

17. Dezember

Die NATO beschließt die Verringerung konventioneller Streitkräfte zugunsen einer Ausrüstung mit taktischen Atomwaffen.

19. Dezember

In Berlin-Ost endet die I. Gesamtdeutsche Konferenz junger Metallarbeiter, die über Aktionen gegen eine bundesdeutsche Armee beraten hat. Nach offiziellen Angaben haben an der Konferenz 231 Arbeiter aus der Bundesrepublik teilgenommen.

21. Dezember

In Bremen ziehen 800 Jugendliche in einem Fackelzug durch die Stadt, um gegen die Wiederaufrüstung und die Wehrpflicht zu demonstrieren.

In Duisburg protestieren rund 500 Mitglieder der Gewerkschaftsjugend gegen die drohende Wiederbewaffnung.

Der Generalsekretär des Zentralrats der Juden in Deutschland, Hendrik G. van Dam, äußert in einem Artikel starke Bedenken gegen eine deutsche Wiederbewaffnung.

27.-30. Dezember

In Laren (bei Hilversum) findet eine internationale Tagung der Gruppe DER DRITTE WEG statt. Ziel ist die Zusammenarbeit der beiden Machtblöcke. Die Teilnehmenden beschließen die Durchführung einer Weltkonferenz im kommenden Jahr, den Aufbau eines internationalen Dokumentationszentrums sowie die Bildung eines ständigen Komitees. August Bangel, Mitglied der DEUTSCHEN FRIEDENSGESELLSCHAFT, erklärt sich bereit, eine Gruppe in der Bundesrepublik aufzubauen.

28.-30. Dezember

In Hamburg findet der Parteitag der KPD statt. Die Delegierten wenden sich in einem Manifest *An das deutsche Volk!* gegen die Aufrüstung.

1955

Januar

In Dortmund folgen 1.500 Jugendliche einem Aufruf der IG Metall. Das Hauptreferat *Wiedervereinigung oder Wiederbewaffnung?* hält Helmut Kaser, der eine Wiederbewaffnung strikt ablehnt.

In Losheim (bei Mannheim) demonstrieren mehrere hundert junge Menschen gegen die Rekrutierung.

In Dudweiler (Saarland) veranstalten Jugendliche einen Fackelzug gegen die Wiederbewaffnung.

Auf einer Versammlung des BUNDES DER DEUTSCHEN in Flensburg protestieren die Teilnehmenden gegen eine Äußerung des CDU-Abgeordneten Will Rasner, der zu einer Besuchergruppe des Bundestags erklärt haben soll, ihm sei das Risiko einer Wiederbewaffnung bewusst, aber keine Politik sei ohne Risiko. Der Weg der Pariser Verträge müsse beschritten werden, auch wenn damit ein neuer Weltkrieg verbunden sei. Im Anschluss an das Referat *Wir sagen Nein zur Wiederbewaffnung* von Otto Jacobsen, wird eine Resolution verabschiedet, in der die Stadtvertretung aufgefordert wird, sich gegen die Pariser Verträge auszusprechen.

In einem Offenen Brief wenden sich 40 Einwohner von Büchenbronn (bei Pforzheim) an die Bundestagsabgeordneten und den Sicherheitsbeauftragten der Bundesregierung, Blank. Als ehemalige Kriegsteilnehmer sprechen sie sich gegen die Wiederbewaffnung aus.

In Lampertheim (Bergstraße) versammeln sich Bauern, Gewerkschafter, Vertreter von Verbänden, Vereinen und zweier Wasserwerke, um über die Erhaltung des Lorscher Waldes zu beraten. Nach Plänen der US-Besatzungsmacht sollen 800 Hektar Wald abgeholzt werden, um einem Flugplatz für Düsenjäger zu weichen. Sprecher des Ausschusses RETTET DIE PFALZ referieren über die Auswirkungen der Abholzaktion. Die Versammelten beschließen einstimmig, eine Delegation zu dem CDU-Bundestagsabgeordneten Heinrich von Brentano zu schicken. Ferner wird die Bevölkerung des Rieds und der Bergstraße aufgerufen, die Abholzung des Lorscher Waldes zu verhindern.

In Benningen (bei Marbach) werfen Unbekannte Baugeräte in den Neckar, um gegen den Einbau von Sprengkammern in eine Brücke zu demonstrieren. Die Bevölkerung des Ortes hatte sich bereits wiederholt gegen den Bau der militärischen Zwecken dienenden Anlage ausgesprochen.

In Berlin-Ost verabschieden 3.000 Lehrkräfte einen Aufruf an ihre europäischen Kollegen, die Schuljugend dazu aufzufordern, für Abrüstung und Entspannungspolitik einzutreten.

5. Januar

In Bremen verabschieden 48 Pfarrer und andere Christen eine Resolution, mit der die Menschen in den beiden deutschen Staaten aufgerufen werden, jeglichen Wehr- und Kriegsdienst zu verweigern.

In Paris demonstrieren Tausende Franzosen gegen die Ratifizierung der Pariser Verträge

7. Januar

Wegen des wachsenden Widerstands in der Bevölkerung gegen die Ratifizierung der Pariser Verträge, beschließt der SPD-Parteivorstand eine bundesweite Kampagne mit Kundgebungen und Demonstrationen gegen das Vertragswerk. Damit soll verdeutlicht werden, dass die Wiederbewaffnung die deutsche Einheit gefährde.

Der Professor für Evangelische Theologie, Helmut Gollwitzer, erklärt vor 100 Studierenden an der Universität Bonn, dass sich die Bundesregierung in der Frage der Remilitarisierung nicht einfach über die Bedenken vieler Menschen hinwegsetzen könne.

8. Januar

In München folgen 500 meist junge Menschen einem Aufruf der INTERNATIONALE DER KRIEGSDIENSTGEGNER und protestieren in der Innenstadt gegen die Remilitarisierung.

Mit einem Auto- und Fahrradkorso demonstrieren in Düsseldorf Gegner der Einführung der allgemeinen Wehrpflicht.

9. Januar

Der BUND DER DEUTSCHEN beendet in Heidelberg seinen 2. Parteitag, den das nordrhein-westfälische Innenministerium zunächst verboten hatte, und der daher am 26. September auf einem Rheindampfer zwischen Köln und Bonn eröffnet worden war. Die über 100 Delegierten wählen erneut Joseph Wirth und Wilhelm Elfes zu ihren Parteivorsitzenden. Der Generalsekretär und Ex-Oberst Josef Weber skizziert in seinem Referat die drei Hauptaufgaben: Verhinderung der Pariser Verträge, Durchführung einer Konferenz über die deutsche Frage durch die vier Großmächte sowie die Aufnahme innerdeutscher Verhandlungen, um Schritte zur Wiedervereinigung in die Wege zu leiten.

10.-20. Januar

Nach der SPD beschließt auch die KPD, zu Massenaktionen gegen die Ratifizierung der Pariser Verträge aufzurufen. Kundgebungen, Fackelzüge und Proteste finden in Augsburg, Dortmund, Düsseldorf, Frankfurt am Main, Fürth, Mannheim, Mainz, Oberhausen, Pirmasens, Stade, Stuttgart, Wanne-Eickel, Westerholt und Wuppertal statt.

11. Januar

Ein Auftritt des Blank-Vertreters, Othmar Pollmann, in Wuppertal vor 500 Studierenden löst Proteste aus.

12. Januar

In Wetzlar spricht sich der katholische Theologe, Pater Professor Johann Baptist Hirschmann, für die Kriegsdienstverweigerung aus. Ein Staat dürfe niemals einen Bürger zu einer Handlung zwingen, die mit dem Gewissen unvereinbar sei.

14. Januar

In Bremen veranstaltet die KPD einen Fackelzug mit anschließender Kundgebung gegen die Wiederaufrüstung.

15. Januar

In Frankfurt/Main versammeln sich 5.000 Menschen, um gegen die Remilitarisierung zu protestieren. Der Bundesvorsitzende der IG Holz, Heinz Seeger, betont, dass eine

Wiederaufrüstung zu einem neuen Krieg führe. Ferner sei die Militarisierung der Gesellschaft demokratiefeindlich.

16. Januar

In München beschließt die Landesbezirkskonferenz Bayern des DGB, den Bundesvorstand des DGB zum Engagement gegen die Wiederbewaffnung aufzurufen.

Der Westdeutsche Landesverband der DEUTSCHEN FRIEDENSGESELLSCHAFT kritisiert die Pariser Verträge, da sie eine deutsche Wiedervereinigung unmöglich machen.

17. Januar

In Stuttgart sprechen auf einer Veranstaltung gegen die Pariser Verträge u.a. Arthur Ketterer von der VEREINIGUNG DER VERFOLGTEN DES NAZIREGIMES und der Generalsekretär des BUNDES DER DEUTSCHEN, Josef Weber.

18. Januar

Der DEMOKRATISCHE FRAUENBUND DEUTSCHLANDS führt in insgesamt 89 Orten einen Aktionstag gegen die Ratifizierung der Pariser Verträge durch. In München demonstrieren 100 Frauen u.a. mit einem Plakat *Nicht Wehrstellen, sondern Lehrstellen*. Die Polizei nimmt 20 Demonstrantinnen fest. Auch in Nürnberg schreitet die Polizei gegen protestierende Frauen ein. In Kiel verteilen Frauen Flugblätter vor dem Arbeitsamt. In Bremen führen Frauen in einer Obdachlosensiedlung eine Kundgebung mit einer Demonstration durch.

In Hamburg kritisiert der Vorsitzende der ÖTV, Adolph Kummernuß, vor mehr als 20.000 Demonstranten die Ratifizierung der Pariser Verträge.

18.-21. Januar

In Wien tagt der WELTFRIEDENSRAT. Vertreter aus 20 Ländern verabschieden einstimmig einen *Appell gegen die Vorbereitung des Atomkrieges*. Im Laufe des Jahres sollen für diesen Appell insgesamt eine Million Unterschriften gesammelt werden. Nach Angaben bundesdeutscher Mitglieder des WELTFRIEDENSRATS unterzeichnen allein in Nordrhein-Westfalen bis zum Juni über 100.000 Menschen diesen Appell.

19. Januar

In Freiburg findet auf Einladung des AStA im völlig überfüllten, größten Hörsaal eine mehrstündige Diskussion über die Wiederbewaffnung statt.

In Berlin-Ost stellt der Ausschuss für Deutsche Einheit das Buch *Verschwörung gegen Deutschland. Die Pariser Verträge – ein Komplott des Krieges und der Spaltung* vor.

22. Januar

Auf Initiative der VEREINIGUNG DER VERFOLGTEN DES NAZIREGIMES finden in Stuttgart und München zwei deutsch-französische Treffen zur Koordinierung des Widerstands gegen die Wiederbewaffnung statt. Dabei sprechen u.a. der Vater der vom NS-Staat hingerichteten Geschwister Scholl, Robert Scholl, und Alexander Graf Schenk von Stauffenberg, der Bruder des Hitler-Attentäters.

Auf dem Marktplatz von Laucha (Bezirk Halle) versammeln sich Tausende zu einer Protestkundgebung gegen die Wiederbewaffnung. Mehrere Redner erklären sich auch mit den streikenden Berg- und Hüttenarbeitern des Ruhrgebiets solidarisch.

24. Januar

Der SPD-Bundestagsabgeordnete Heinz Kühn spricht als Hauptredner auf einer Kundgebung der INTERNATIONALE DER KRIEGSDIENSTGEGNER in Hamburg vor 2.300 Menschen gegen die Ratifizierung der Pariser Verträge.

In Kassel versammeln sich 2.000 Menschen zu einer Protestveranstaltung gegen die Remilitarisierung, Hauptredner ist der Marburger Politologe Wolfgang Abendroth.

In Velbert (Ruhrgebiet) finden sich 1.500 Menschen zu einer Protestveranstaltung gegen die Wiederbewaffnung ein. Als Hauptredner treten Heinrich Schroth (SPD) und Diether Posser (GVP) auf. Bundesinnenminister Gerhard Schröder (CDU), der den Wahlkreis Velbert vertritt, sagte seine Teilnahme ab. Der Beitrag seines persönlichen Referenten, Regierungsrat Albrecht Krause, stößt auf Unmut. Ein kriegsbeschädigter Major fordert die Abschaffung des Volkstrauertags. Zum Abschluss wird mit großer Mehrheit der Antrag des Schülerbibelkreises Velbert angenommen, wonach die Aufrüstung in Ost und West gleichermaßen abgelehnt wird.

27. Januar

Der Präsident der Evangelischen Kirche in Hessen und Nassau, Martin Niemöller, warnt auf einer Veranstaltung in Marburg davor, dass sich die Wiedervereinigung mit der Wiederbewaffnung erreichen lasse.

29. Januar

In der Frankfurter Paulskirche treffen sich rund 1.000 Aufrüstungsgegner zu einer Kundgebung gegen die Pariser Verträge. Initiatoren sind SPD und DGB. Das Motto lautet: *Rettet Einheit, Frieden und Freiheit! Gegen Kommunismus und Nationalismus!* Die Reden, die von mehreren Rundfunksendern direkt übertragen werden, halten der SPD-Vorsitzende Erich Ollenhauer, der stellvertretende DGB-Vorsitzende Georg Reuter, der GVP-Vorsitzende Gustav Heinemann, der Heidelberger Soziologieprofessor Alfred Weber, der evangelische Professor Helmut Gollwitzer, der katholische Professor Johannes Hessen und der evangelische Pfarrer Ernst Lange. Unter den Zuhörern findet sich auch eine Delegation des Ausschusses für Deutsche Einheit, die vom stellvertretenden Ministerpräsidenten der DDR, Hans Loch (LDPD) geleitet wird. In einem *Deutschen Manifest* werden die Pariser Verträge von 1954 und die Bildung militärischer Blöcke abgelehnt. Ferner wird eine Volksabstimmung über die Pariser Verträge gefordert.

Februar

In Stuttgart versammeln sich 10.000 Menschen zu einer Kundgebung gegen die Ratifizierung der Pariser Verträge. Mehrere Redner kritisieren auch, wie abschätzig sich der Kanzler über Demonstrierende äußerte.

An zwei aufeinander folgenden Tagen treten in Freiburg Erich Ollenhauer und Theodor Blank, der die Personifizierung der Wiederbewaffnung verkörpert, auf. Blank muss seine Rede, die mehrmals durch Tumulte unterbrochen wurde, vorzeitig beenden.

Auf einer CDU-Kundgebung in Kassel wird der Bundesminister für besondere Angelegenheiten, Franz-Josef Strauß, ein Befürworter der Aufrüstung, ausgepfiffen.

Ebenfalls in Kassel stellt Werner Baumann (Jugendring) in einer Rede, das Gewissen höher als den Bundeskanzler. Hans de Boer (BUND DER KRIEGSDIENSTVERWEIGERER) betont, dass die Politik der Stärke eine Politik der Angst sei, und zu einem neuen Krieg führe.

Auf einer Kundgebung des DGB in Offenbach warnt der GVP-Vorsitzende Gustav Heinemann eindringlich vor der Ratifizierung der Pariser Verträge.

In München kritisiert der Mitarbeiter des Wirtschaftswissenschaftlichen Instituts des DGB, Theo Pirker, das zögerliche Verhalten der Gewerkschaftsführung in der Frage der Remilitarisierung. Der DGB-Kongress in Frankfurt am Main hätte eine klare Entscheidung getroffen. Das Gesetz des Handelns läge nicht länger bei den Funktionären, sondern bei jedem DGB-Mitglied.

In Herne protestiert die GRUPPE DER WEHRDIENSTVERWEIGERER mit einem Autokorso gegen die Pariser Verträge.

In Hamburg veranstalten Mitglieder des BUNDES DER DEUTSCHEN einen Fahrzeugkorso, Motto: *Kein Hanseat wird Blanksoldat*.

Ebenfalls in Hamburg demonstrieren die INTERNATIONALE DER KRIEGSDIENSTGEGNER sowie mehrer Jugendorganisationen unter dem Slogan *Letzte Mahnung an den Bundestag* gegen die Pariser Verträge.

In Marburg sprechen Gustav Heinemann und der SPD-Bundestagsabgeordnete Ludwig Metzger. Im Abschluss der Reden unterzeichnen Zuhörer das *Deutsche Manifest*.

In Krefeld veranstaltet die GRUPPE DER WEHRDIENSTVERWEIGERER mit jugendlichen Teilnehmern eine Kundgebung gegen die Pariser Verträge.

In Hamm und Hannover spricht Wilhelm Elfes vom BUND DER DEUTSCHEN. Er betont, dass seine Reise nach Moskau gezeigt habe, dass Verhandlungen mit der Sowjetunion möglich und konstruktiv seien.

In Düsseldorf protestieren 1.500 Betriebsräte und Gewerkschaftsfunktionäre gegen die Ratifizierung der Pariser Verträge.

In den Hamburger Kammerspielen veranstaltet die GRUPPE JUNGER ZIVILISTEN unter dem ironischen Titel *Wehrbeiträge in Lyrik und Prosa* eine Matinee.

Auf einer Veranstaltung des BUNDES DER DEUTSCHEN in Kiel verabschieden 600 Menschen einen Aufruf zur Durchführung einer Volksbefragung über das *Deutsche Manifest*. Hauptredner ist Wilhelm Elfes, der gerade von einer Konferenz in Warschau zurückgekehrt ist. Elfes tritt auch noch in Geesthacht und Mölln auf.

Auf einer Versammlung der INTERESSENGEMEINSCHAFT GEGEN WEHRDIENST in Schwenningen am Neckar verabschieden 350 Menschen eine Resolution, mit der die Fraktionen des Bundestags aufgefordert werden, die Pariser Verträge nicht zu ratifizieren. Erich Rossmann (Deutsche Jugendgemeinschaft) fordert einen Volksentscheid.

Unter dem Motto *Wir sagen Nein zur Wiederbewaffnung!* organisiert der BUND DER DEUTSCHEN in Biberach an der Riß (Oberschwaben) eine Kundgebung gegen die Pariser Verträge. Hauptredner Professor Georg Herrmann skizziert vor 400 Menschen die möglichen deutschlandpolitischen Folgen des Vertrags.

Auf einer Versammlung des BUNDES DER DEUTSCHEN in Bremerhaven wird das *Deutsche Manifest* von 100 Menschen angenommen.

In Göttingen treffen sich Vertreter der Göttinger und Leipziger Studentenschaft, um über Möglichkeiten der Wiedervereinigung zu beraten.

Eine studentische Vollversammlung an der TU in Berlin-West entscheidet sich mit mehr als zwei Drittel der Anwesenden gegen Wehrpflicht und Aufrüstung.

Ebenfalls in Berlin-West nehmen rund 1.000 Menschen an einer Veranstaltung des AKTIONSAUSSCHUSSES DER JUGEND FÜR WIEDERVEREINIGUNG IN FREIHEIT UND FRIEDEN teil. Hauptredner sind der SPD-Bundestagsabgeordnete und Präsident der DEUTSCHEN FRIEDENSGESELLSCHAFT, Fritz Wenzel, der SPD-Abgeordnete im Berliner Abgeordnetenhaus, Werner Stein sowie der ÖTV-Jugendsekretär Dieter Schwäbl.

In vielen französischen Orten kommt es zu Protesten gegen die deutsche Wiederbewaffnung. Auf Spruchbändern heißt es: *Erinnert euch an Chateaubriant ... Auschwitz...Oradour*

1. Februar

In Bremen demonstrieren mehrere tausend Menschen auf einer Veranstaltung des DGB gegen die Ratifizierung der Pariser Verträge.

Der Betriebsrat der Ford-Werke in Köln wendet sich in einem Protestschreiben, das fast 5.000 Arbeiter unterzeichnet haben, an die Fraktionen des Bundestages, die Ratifizierung der Pariser Verträge abzulehnen.

Rund 1.000 Jugendliche demonstrieren im Bezirk Neukölln in Berlin-West für die Durchführung einer Volksabstimmung über die Pariser Verträge.

2. Februar

Arbeiter der Opel AG in Rüsselsheim fordern den Bundestagspräsidenten in einem Brief auf, die für Ende des Monats angesetzte Debatte über die Pariser Verträge abzusetzen.

Die Bundesregierung nimmt ablehnend Stellung zur Paulskirchen-Bewegung gegen die Wiederbewaffnung.

In Hamburg demonstrieren 250 Frauen gegen die Pariser Verträge. Organisiert wird die Aktion von der WESTDEUTSCHEN FRAUEN-FRIEDENSBEWEGUNG, der INTERNATIONALEN FRAUENLIGA FÜR FRIEDEN UND FREIHEIT und dem Deutschen Frauenrat.

3. Februar

Der Rat der EKD hat auf einer Konferenz in Hannover, an der Mitglieder aus beiden deutschen Staaten teilgenommen haben, ein *Wort an alle Gemeinden in Ost und West* verabschiedet. Darin warnt die EKD vor der Illusion, dass internationale Spannungen durch Kriege überwunden werden können. Gleichzeitig wird jedoch eine eindeutige politische Stellungnahme abgelehnt.

In Berlin-West ist ein Vortrag von Wolf Graf Baudissin geplant. Nach der kurzfristigen Absage des Referenten aus politischen Gründen, spricht ein Vertreter der deutschen Arbeitsgruppen bei den amerikanischen Streitkräften. Es kommt zu Protesten gegen den Vortrag.

4. Februar

Über 6.000 Menschen kommen in Hannover zu einer Protestveranstaltung gegen die Pariser Verträge zusammen, Hauptredner ist der SPD-Vorsitzende Ollenhauer.

5. Februar

In Hamburg-Altona demonstrieren mehrere tausend Menschen gegen die Pariser Verträge, Hauptredner ist Hein Fink (KPD). In Hamburg-Bergedorf wendet sich Fritz Wenzel (SPD, DEUTSCHE FRIEDENSGESELLSCHAFT) gegen die Pariser Verträge.

In einer Erklärung äußern 18 evangelische Geistliche des Kreises Bentheim an der Grenze zu den Niederlanden ihre Besorgnis über die Ratifizierung der Pariser Verträge.

6. Februar

Mehr als 20.000 Menschen versammeln sich in Dortmund zu einer Kundgebung gegen die Pariser Verträge. Hauptredner sind der SPD-Vorsitzende Erich Ollenhauer und der Oberkirchenrat Heinz Kloppenburg.

In Wuppertal findet eine Protestaktion des DGB gegen die Pariser Verträge statt.

Zur Erinnerung an die Arbeiter, Matrosen und Soldaten, die am 4. Februar 1919 bei der Verteidigung der Räterepublik gefallen sind, ziehen in Bremen mehrere hundert Menschen zur Gedenkstätte auf dem Waller-Friedhof. Ein Vertreter der KPD betont, dass ein Zusammengehen von SPD und KPD angesichts der drohenden Wiederbewaffnung erforderlich sei.

Mitglieder der Sozialistischen Jugend-Die Falken veranstalten in Hamburg-Barmbek einen Fahrradkorso gegen die Pariser Verträge.

Auf Initiative von Karl Graf von Westphalen wird in Köln der DEUTSCHE KLUB 1954 gegründet. Ziele sind die friedliche Lösung der deutschen Frage, Entspannung, Abrüstung und eine Neutralisierung beider deutscher Staaten.

In Warschau findet eine Europäische Konferenz für die friedliche Lösung der deutschen Frage statt. An ihr nehmen 51 Parlamentarier aus acht west- und sieben osteuropäischen Staaten teil. Die Schlussresolution sieht eine Wiedervereinigung Deutschlands auf der Basis des Potsdamer Abkommens nach der Durchführung freier Wahlen unter internationaler Aufsicht vor.

Ein auf Beschluss des Bundesausschusses der DEUTSCHEN FRIEDENSGESELLSCHAFT an die Regierung der DDR gerichteter Antrag auf Zulassung dieser Friedensorganisation bleibt ohne Ergebnis.

8. Februar

Während und nach einer von 7.000 Menschen besuchten CDU-Veranstaltung mit Bundeskanzler Adenauer in Frankfurt am Main kommt es zu Zwischenfällen. Trotz eines starken Polizeiaufgebots protestieren Gegner der Wiederbewaffnung mehrfach lautstark.

9. Februar

Die Bürgerschaft des Landes Bremen stellt sich mit den Stimmen von SPD, KPD und einem DP-Abgeordneten hinter das *Deutsche Manifest*. CDU, FDP und die restliche DP hatten den Sitzungssaal verlassen.

10. Februar

In Duisburg-Hamborn versammeln sich 450 Bergarbeiter zu einer Kundgebung gegen die Pariser Verträge. Hauptredner ist Pierre Muller, KPF-Abgeordneter der französischen Nationalversammlung.

René Lamps, Abgeordneter der französischen Nationalversammlung, ist Hauptredner bei Protestkundgebungen in Heilbronn und Kornwestheim.

Über 1.000 Menschen beteiligen sich in Berlin-West an einer Kundgebung gegen die Pariser Verträge, Motto: *Rührt Euch – sonst werdet Ihr weggetreten!* Aufgerufen zu dieser Veranstaltung hat der AKTIONSAUSSCHUSS FÜR DAS DEUTSCHE MANIFEST. Hauptredner ist der Essener Rechtsanwalt Diether Posser (GVP).

In München spricht sich der Landesbezirksausschuss des DGB Bayern für eine bundesweite Unterschriftensammlung für das *Deutsche Manifest* aus.

12. Februar

In Frankfurt am Main protestieren 5.000 Menschen gegen die Wiederbewaffnung.

Als Redner treten die beiden SPD-Bundestagsabgeordneten Lucie Beyer und Willi Birkelbach sowie der evangelische Pfarrer Robert Berger auf.

Auf einer Kundgebung gegen die Pariser Verträge in Augsburg sprechen der bayerische DGB-Vorsitzende Max Wönner, der GVP-Vorsitzende Gustav Heinemann und der Pfarrer Fritz Wenzel.

Vor der Niedersachsenhalle in Hannover, in der Kanzler Adenauer die Wiederbewaffnung verteidigt, skandieren Demonstranten Parolen wie „Nieder mit den Pariser Verträgen!" und „Wir wollen Frieden und keine Soldaten".

Auch in Aachen kommt es bei einer CDU-Kundgebung mit Blank zu Zwischenrufen von Demonstranten. Die Polizei entfernt kritische Plakate.

13. Februar

Im Stadttheater Bonn rufen Gustav Heinemann und der Professor für Evangelische Theologie, Hans-Joachim Iwand, zum Widerstand gegen die Pariser Verträge auf.

In Augsburg wird der CSU-Vorsitzende Hanns Seidel mit Pfiffen, Pfuirufen und Beschimpfungen bei einer Rede gestört.

In Düsseldorf führen Jugendliche auf Initiative der KPD-Kreisleitung einen Fahrradkorso gegen die Wiederbewaffnung durch.

Aus Anlass des zehnten Jahrestags der Zerstörung ihrer Stadt durch britische und amerikanische Bombenangriffe, demonstrieren in Dresden 250.000 Menschen gegen die neuerliche Kriegsgefahr. Besonders wird die Wiederbewaffnung der Bundesrepublik kritisiert. Am Vortag hat der Schriftsteller Bertolt Brecht dem DEUTSCHEN FRIEDENSRAT 176.203 Unterschriften gegen die Pariser Verträge überreicht.

In Amsterdam demonstrieren Tausende gegen die Wiederbewaffnung der Bundesrepublik.

13./14. Februar

In Moers stimmen auf einer Landesjugendkonferenz des DGB Nordrhein-Westfalen 99 von 106 Delegierten für eine Resolution, die sich gegen einen bundesdeutschen

Wehrbeitrag richtet.

14. Februar

An der Freien Universität in Berlin-West diskutieren die Bundestagsabgeordneten Ernst Lemmer (CDU), Kurt Mattick (SPD) und Hans Reif (FDP) mit Studierenden über die

Wiederbewaffnung. Die meisten Studierenden sprechen sich in der sehr hitzigen Debatte gegen die Ratifizierung der Pariser Verträge aus.

15. Februar

Auf Ersuchen von Kanzler Adenauer hat der Atomphysiker Professor Werner Heisenberg einen Rundfunkvortrag im NWDR über die Bedeutung der Atomenergie abgesagt.

Adenauer befürchtete, dass der Nobelpreisträger auch einige Gedanken zur atomaren Gefahr äußern könnte. Die Bevölkerung könne dadurch beunruhigt werden, und dies wenige Tage vor der Abstimmung im Bundestag über die Pariser Verträge. Der Leiter des NWDR in Hamburg, Adolf Grimme, engagierte kurzerhand den Nobelpreisträger, Professor Otto Hahn, der im Rundfunk deutlich die Schreckensvisionen eines Atomkriegs schilderte.

Auf einer DGB-Kundgebung in Göttingen mit 1.300 Menschen wird eine Resolution gegen die westdeutsche Wiederbewaffnung verabschiedet.

In Bielefeld sprechen sich 120 Jugenddelegierte im Namen von über 4.000 jungen Mitgliedern der IG Metall gegen die Wiederbewaffnung aus.

16. Februar

Auf einer Kundgebung der KPD gegen die Pariser Verträge erklärt der Abgeordnete der französischen Nationalversammlung, Alfred Malleret-Joinville, dass Ministerpräsident Pierre Mendès-France deshalb gestürzt worden sei, weil er sich für die Wiederbewaffnung der Bundesrepublik eingesetzt habe.

17. Februar

Zu einer von der KPD veranstalteten Internationalen Großkundgebung in der Dortmunder Westfalenhalle kommen 20.000 Menschen. Hauptredner ist der Erste Sekretär der KPF, Jacques Duclos. Er hatte zuvor bereits in Düsseldorf, Duisburg, Köln und Essen gesprochen. Am 18. Februar begründet Duclos auf einer Pressekonferenz in Bonn seine Ablehnung der Wiederbewaffnung.

In Ludwigshafen am Rhein nehmen 700 Menschen an einer Protestveranstaltung des BUNDES DER DEUTSCHEN teil. Es sprechen Joseph Wirth und Josef Weber. In einem Telegramm wird der Bundestag zur Ablehnung der Pariser Verträge aufgefordert.

In Nürnberg demonstrieren mehrere hundert Jugendliche gegen die Wiederbewaffnung. Rednerin ist Helene Wessel (GVP).

In Bielefeld versammeln sich 10.000 Menschen zu einer Protestkundgebung gegen die Wiederaufrüstung. Der SPD-Bundestagsabgeordnete Carlo Schmid kritisiert deutlich die Bundesregierung.

In Hamburg findet eine Demonstration der Paulskirchen-Bewegung statt. Vor 12.000 Menschen spricht der SPD-Vorsitzende Erich Ollenhauer

In Berlin-West kommt es bei einer FDP-Veranstaltung zu Tumulten. Vizekanzler Blücher kann seine Rede, in der er die Wiederbewaffnung verteidigt, nicht beenden.

18. Februar

Die Volkskammerabgeordneten Wally Keller und Magnus Dedek überreichen dem Bundestagspräsidenten Eugen Gerstenmaier in Bonn ein Schreiben, in dem sich das Präsidium der Volkskammer der DDR an den Bundestag wendet, um die Ratifizierung der Pariser Verträge zu stoppen, und Verhandlungen über gesamtdeutsche Wahlen zu beraten.

Im Gegenzug soll eine Delegation des Bundestags ihre Vorstellungen in der Volkskammer präsentieren.

In Würzburg kommen 700 Menschen zu einer Veranstaltung der Paulskirchen-Bewegung zusammen.

Das Landgericht Hamburg verurteilt den KPD-Funktionär Kurt Erlebach zu zwei Monaten Gefängnis wegen der Veröffentlichung eines Flugblatts, in dem die Politik der Wiederbewaffnung verurteilt und das Hochverratsverfahren gegen Mitglieder des Hauptausschusses der Volksbefragung als „Willkürjustiz" bezeichnet wurde.

Auf einer Kundgebung der SPD in Berlin-West weist Ollenhauer den Vorwurf zurück, dass die Paulskirchen-Bewegung die innere Ordnung der Bundesrepublik gefährde.

19. Februar

In Hannover versammeln sich mehrere tausend Menschen zu einer Kundgebung des DGB gegen die Remilitarisierung. Hauptredner ist der IG Metall-Vorsitzende Otto Brenner.

In Berlin-Ost findet unter dem Motto *Die DDR reicht Westdeutschland die Bruderhand* eine Veranstaltung gegen die Wiederbewaffnung der Bundesrepublik statt. Vor 5.000 Menschen hält Ministerpräsident Otto Grotewohl die Hauptrede, in der er u.a. die sofortige Einberufung einer Viermächtekonferenz zur Lösung der Behandlung der deutschen Frage fordert.

22. Februar

Auf einer Protestkundgebung gegen die Pariser Verträge in Hamburg sprechen die Bremer Professorin Grete Henry, der Theologieprofessor Hans-Joachim Kraus, der SPD-Bundestagsabgeordnete Karl Meitmann, der Konteradmiral a.D. Ludwig Stummel und die GVP-Vorsitzende Helene Wessel.

24. Februar

In München versammeln sich 20.000 Menschen zu einer Großkundgebung des DGB Bayern gegen die an diesem Tag begonnene Bundestagsdebatte über die Ratifizierung der Pariser Verträge.

24.-27. Februar

Nachdem die Paulskirchen-Bewegung fast einen Monat lang den außerparlamentarischen Protest großer Teile der Bevölkerung erfolgreich aktiviert hat, kommt es im Bundestag zur zweiten und dritten Lesung über die Pariser Verträge vom 23. Oktober 1954. Außerhalb des Parlaments spitzt sich die Situation zwischen Rüstungsgegnern und mehreren Hundertschaften der Polizei deutlich zu. Nach insgesamt 40 Stunden erbitterter Debatte werden die Pariser Verträge vom Bundestag angenommen. Der Bundesrat stimmt am 18. März zu.

In Berlin-Ost demonstrieren am 24. Februar 70.000 Menschen gegen die Wiederbewaffnung der Bundesrepublik. Ebenfalls zu Protesten kommt es in folgenden Städten der DDR: Böhlen, Cottbus, Erfurt, Gera, Görlitz, Karl-Marx-Stadt, Leipzig, Magdeburg, Neubrandenburg, Rostock und Suhl. Ferner haben 5,5 Millionen Menschen der DDR einen Aufruf der Nationalen Front gegen die Ratifizierung der Pariser Verträge unterzeichnet. Dazu kommen 760.000 Briefe von Menschen der DDR, die sich an Abgeordnete des Bundestags bzw. der Länderparlamente richten. Am 25. Februar übergibt eine DDR-Delegation in Bonn der SPD-Bundestagsfraktion eine Liste mit rund 20.000 Unterschriften aus Wolmirstedt und Umgebung gegen die Pariser Verträge.

25. Februar

Die rheinland-pfälzische Landesregierung verbietet mehrere Organisationen, die als kommunistische Tarnorganisationen verdächtigt werden, darunter das WESTDEUTSCHE FRIEDENSKOMITEE, der DEMOKRATISCHE FRAUENBUND DEUTSCHLANDS, die VEREINIGUNG DER VERFOLGTEN DES NAZIREGIMES und der AUSSCHUSS ZUR RETTUNG DER PFALZ.

Die hessische Landesvorsitzende der WESTDEUTSCHEN FRAUENFRIEDENSBEWEGUNG, Elfriede Sieber, stellt Strafanzeige gegen Unbekannt. Bei der Anfahrt zu einem behördlich genehmigten Schweigemarsch der WESTDEUTSCHEN FRAUENFRIEDENSBEWEGUNG in Bonn stoppt die Polizei einen Bus mit Friedensfrauen auf der Autobahn und leitet den Bus in eine Kölner Polizeikaserne um.

26. Februar

Ein Arbeitskreis prominenter Politiker, in dem sich u.a. Gustav Heinemann, Reinhold Maier und der ehemalige Reichsbankpräsident Hjalmar Schacht treffen, publiziert einen ausführlichen Aufruf gegen die Ratifizierung der Pariser Verträge.

März

In Recklinghausen treffen sich 800 CVJM-Mitglieder zu einer Veranstaltung über die Wiederbewaffnung. Dabei wird der CDU-Abgeordnete Rasner, der eine westdeutsche Armee nur zu Zwecken der Verteidigung ansieht, kritisiert.

Der BUND DER DEUTSCHEN veranstaltet in Herchen (Siegkreis) eine Diskussion zur Remilitarisierung. Dabei sprechen sich die Teilnehmer für eine Volksbefragung über die Pariser Verträge aus. Zwei Stunden nach Beginn unterbricht ein Polizist in Zivil die Veranstaltung mit der Begründung, ein Aufruf zur Volksbefragung verstoße gegen das Grundgesetz.

2. März

Als Reaktion auf die Ratifizierung der Pariser Verträge durch den Bundestag fordert die Volkskammer der DDR in Berlin-Ost eine gesamtdeutsche Volksbefragung. Diese *Proklamation an das deutsche Volk* geht dem Bundestag, den Landtagen, allen kommunalen Parlamenten und den Führungsgremien des DGB zu. Bundestagspräsident Gerstenmaier verweigert die Annahme. Ferner bietet die Volkskammer allen jugendlichen Gegnern der Wiederbewaffnung, die in der Bundesrepublik verfolgt werden, Asyl in der DDR an.

Mehrere tausend Arbeiter demonstrieren in Magdeburg gegen die Pariser Verträge.

3. März

In Frankfurt am Main kommen 60 evangelische Pfarrer aus der BRD, der DDR und dem Saarland zusammen, um in einer gemeinsamen Erklärung die „Gegeneinanderbewaffnung" abzulehnen.

5. März

In Leipzig findet die II. Gesamtdeutsche Arbeiterkonferenz mit mehr als 1.000 Teilnehmern, darunter etwa die Hälfte aus der Bundesrepublik, statt. Die Konferenz spricht sich für eine gesamtdeutsche Volksbefragung aus.

6.-11. März

In Espelkamp findet die gesamtdeutsche Synode der EKD statt. Der Ratsvorsitzende der EKD, Bischof Otto Dibelius, tritt dem Eindruck entgegen, wonach die EKD in der Debatte um die Pariser Verträge die Position der Opposition vertrete. Dibelius kritisiert auch den Darmstädter Studentenpfarrer Herbert Mochalski. Gustav Heinemann wird nicht mehr zum Präses gewählt und fällt auch bei den Stellvertreterwahlen durch. Um die großen Spannungen zwischen den Synodalen auszugleichen, wird Heinemann zu einem der elf EKD-Ratsmitglieder gewählt.

7. März

Die 300 Teilnehmer einer Veranstaltung des KREISES GEGEN WIEDERAUFRÜSTUNG appellieren in Düsseldorf an die Parteien und Gewerkschaften, eine Volksbefragung über die Pariser Verträge durchzuführen.

8. März

Der DEMOKRATISCHE FRAUENBUND DEUTSCHLANDS veranstaltet zum Internationalen Frauentag unter dem Motto *Für ein Leben in Frieden und Sicherheit!* bundesweit 42 Kundgebungen und Aktionen. Unterstützt wird eine gesamtdeutsche Volksbefragung über die Pariser Verträge. Veranstaltungen finden u.a. in Augsburg, Bremen, Dortmund, Duisburg, Hamburg, Herne, Friedrichshafen, Kiel, Ludwigshafen, Lübeck, Lüneburg, Schwenningen, Stuttgart und Velbert statt.

9. März

Der 6. Strafsenat des Bundesgerichtshofs in Karlsruhe verurteilt den Vorsitzenden des DEUTSCHEN ARBEITERKOMITEES GEGEN DIE REMILITARISIERUNG DEUTSCHLANDS, den ehemaligen Betriebsratsvorsitzenden der Hüttenwerke Hagen-Haspe, Friedrich Thrun, wegen „Rädelsführerschaft in einer verfassungsfeindlichen Vereinigung", Staatsgefährdung und Beleidigung zu einem Jahr Gefängnis. Der Sekretär des Komitees, das KPD-Mitglied Karl Jungmann, wird zu zwei Jahren Gefängnis verurteilt.

Der Nationalrat der Nationalen Front verabschiedet in Berlin-Ost einen *Appell an die Nation*, der sich gegen die Wiederbewaffnung der Bundesrepublik richtet.

10. März

Unter dem Motto *Wiederbewaffnung verhindert Wiedervereinigung* veranstalten SPD, GVP und weitere Organisationen in Essen eine Kundgebung gegen das Inkrafttreten der Pariser Verträge. Rechtsanwalt Diether Posser (GVP) begründet eine prinzipielle Ablehnung der Wiederbewaffnung. Professor Johannes Harder analysiert das Scheinchristentum der Herrschenden. Der SPD-Bundestagsabgeordnete Kurt Mattick übt scharfe Kritik am Kanzler. Sein Fraktionskollege Kurt Pohle, Heimatvertriebener und Schwerkriegsbeschädigter, ruft die Jugend zum Widerstand gegen die Remilitarisierung auf.

11. März

Im Saal der evangelischen Gemeinde St. Katherinen in Frankfurt am Main referieren ein amerikanischer, ein englischer und ein französischer Geistlicher auf Einladung des FRANKFURTER FRIEDENSKARTELLS gegen die Wiederbewaffnung.

13. März

Zu einer Protestveranstaltung von SPD und GVP gegen das Inkrafttreten der Pariser Verträge demonstrieren in Essen-Werden 300 Menschen. Ein Redner ist der Ex-Major Wilhelm Godde (GVP).

16. März

In Freiburg demonstrieren 1.000 Menschen mit einem Fackelzug gegen das Inkrafttreten der Pariser Verträge. Am Schweigemarsch beteiligen sich auch Abordnungen aus zwei Freiburger Großbetrieben, zwei SPD-Landtagsabgeordnete und mehrere Stadträte. Auf der Abschlusskundgebung sprechen drei Vertreter der Freiburger Paulskirchenvertretung.

19./20. März

An dem Deutschen Jugendkongress gegen die Remilitarisierung in Berlin-Ost nehmen 2.500 Jugendliche teil, davon etwa die Hälfte aus der Bundesrepublik. Hauptredner ist Ministerpräsident Otto Grotewohl. Die Resolution *Manifest der deutschen Jugend* enthält wesentliche Forderungen der Paulskirchen-Bewegung und den Vorschlag nach einer gesamtdeutschen Volksbefragung über die Pariser Verträge.

30./31. März

Mehrere hundert Medizinstudierende der Universität Greifswald folgen einem Aufruf und führen einen Vorlesungsstreik gegen die Umwandlung ihrer medizinischen Fakultät in eine militärmedizinische Sektion zur Ausbildung von Militärärzten der im Aufbau befindlichen Nationalen Volksarmee durch. MfS-Männer in Eisenbahn-Uniformen lösen gewalttätig eine studentische Versammlung auf und verhaften 260 Personen, die stundenlang verhört werden. Verschiedene Studierende werden vor Gericht gestellt und inhaftiert. Von den rund 600 Medizinstudierenden verlassen 500 Greifswald und studieren an einer der neu errichteten Medizinischen Akademien in Dresden, Erfurt oder Magdeburg. Die frei werdenden Plätze werden von 580 Militärstudierenden eingenommen.

April

In Herne demonstrieren 500 Jugendliche gegen die Wiederbewaffnung. Organisator ist die GRUPPE DER WEHRDIENSTVERWEIGERER. Auf der Schlusskundgebung sprechen sich der Vorsitzende des DGB-Ortsausschusses, Viktor Wynands, und der Pfarrer Gottfried Wandersleb gegen das Inkrafttreten der Pariser Verträge aus. Die beiden deutschen Staaten werden aufgefordert, eine Volksbefragung über das *Deutsche Manifest* durchzuführen.

In Hamburg referieren der japanische Arzt Dr. Okamoto und die Hiroshima-Überlebende Hizume über die gesundheitlichen Folgen der Atomwaffen.

2./3. April

In Solingen führt der DEMOKRATISCHE FRAUENBUND DEUTSCHLANDS seine III. Delegiertenkonferenz durch. Insgesamt kommen 285 Frauen sowie Gäste aus Frankreich, Österreich und der DDR – obwohl der Innenminister Nordrhein-Westfalens, Franz Meyers (CDU), die Veranstaltung verbietet, da es sich seiner Meinung nach bei dieser Organisation um eine kommunistische Tarnorganisation handele. Im Mittelpunkt der Tagung steht der Protest gegen die Pariser Verträge. Wiedergewählt werden Lilly Wächter als Vorsitzende und Friedel Ledwohn als Sekretärin.

4. April

Bei einer Veranstaltung in der FU in Berlin-West mit dem Staatssekretär im Auswärtigen Amt, Walter Hallstein, protestieren mehr als 100 Studierende gegen die Verabschiedung der Pariser Verträge.

8.-10. April

Die rheinland-pfälzische Landesregierung verbietet ein Ostertreffen der Deutschen Jugend zu dem 12.000 Jugendliche aus der Bundesrepublik und 10.000 aus der DDR erwartet worden sind. Ein starkes Polizeiaufgebot verhindert eine Ansammlung junger Menschen.

9./10. April

Parallel zu dem verbotenen Treffen kommen in Meißen an der Elbe 12.000 Jugendliche aus der DDR sowie Delegierte aus polnischen und tschechoslowakischen Jugendverbänden zusammen. Die von der SED propagierte Veranstaltung richtet sich gegen die Wiederaufrüstung der Bundesrepublik.

12./13. April

An der FU in Berlin-West veranstaltet der SDS eine außerordentliche Delegiertenkonferenz. Hauptthemen sind der weitere Protest gegen die Wiederaufrüstung, die Frage der Wiedervereinigung und der Ost-West-Konflikt.

15. April

Die Bevölkerung von Walldorf, Langendiebach und weiteren südhessischen Orten protestiert gegen die Beschlagnahme von 40 Hektar Land durch die amerikanische Besatzungsmacht, die den Rhein-Main-Militärflughafen erweitern möchte.

17. April

In Duisburg treffen sich 600 Delegierte zu einer Tagung der bundesdeutschen Friedensbewegung. Das Hauptreferat hält Klara-Marie Faßbinder. Die Delegierten starten eine Kampagne zur Unterzeichnung des *Wiener Appells* gegen die Vorbereitung eines Atomkrieges. Die Atomwaffenbestände sollen vernichtet werden, befürwortet wird die angeblich friedliche Nutzung der Atomenergie.

20. April

Die Polizei verhindert in Berlin-West mit einem Großaufgebot eine Kundgebung gegen das Inkrafttreten der Pariser Verträge. Aufgerufen hat ein KOMITEE ZUR VORBEREITUNG EINER GESAMTBERLINER BEGEGNUNG.

20.-24. April

In Dresden versammeln sich 1.200 Delegierte zu einem Deutschen Kongress für Sicherheit und Frieden. Alle Deutschen werden zur Unterzeichnung des *Wiener Appells* aufgefordert.

Frühjahr

Gert Ledig veröffentlicht seinen kriegskritischen Roman *Die Stalinorgel*, der große Beachtung findet und in 14 Sprachen übersetzt wird.

1. Mai

Die Maikundgebung in Berlin-Ost steht u.a. unter der Losung *Weg mit den Pariser Verträgen – für die friedliche Lösung der deutschen Frage*. Uniformierte Betriebsgruppen, Marschkolonnen und Hundertschaften der Kasernierten Volkspolizei vermitteln einen militant-aggressiven Eindruck.

7. Mai

Der japanische Film *Die Kinder von Hiroshima* (Regie: Kaneto Shindo) ist von der Freiwilligen Selbstkontrolle in Wiesbaden nicht für die Bundesrepublik zugelassen worden.

Gegen dieses Verbot organisiert die IG Metall gemeinsam mit der INTERNATIONALE DER KRIEGSDIENSTGEGNER in Nürnberg geschlossene Vorstellungen des vom WESTDEUTSCHEN FRIEDENSKOMITEES vertriebenen Antikriegsfilms.

8. Mai

Mitglieder der GRUPPE DER WEHRDIENSTVERWEIGERER, die aus mehreren Städten des Ruhrgebiets in einer Sternfahrt angereist sind, halten in einer im Krieg zerstörten Kölner Kirche eine Feierstunde zum zehnten Jahrestag des Kriegsendes ab.

9. Mai

Eine Rede des Pazifisten und Schriftstellers Fritz von Unruh, die er auf Einladung der Stadt Düsseldorf einen Tag vor seinem 70. Geburtstag halten will, wird sehr kurzfristig abgesagt. Man befürchtete offenbar eine Stellungnahme des Dichters zur Wiederbewaffnung. Zwei Tage später hält der Dramatiker die Rede zum 150. Geburtstag Friedrich Schillers, in der sich Fritz von Unruh gegen Krieg und Faschismus ausspricht. Während der Rede verlassen geladene Gäste den Saal, der Redner selbst wird im Foyer angepöbelt.

Beitritt der Bundesrepublik zur NATO.

14./15. Mai

Gründung des Warschauer Pakts, Beitritt der DDR zu diesem Bündnis.

15. Mai

Der DEMOKRATISCHE FRAUENBUND DEUTSCHLANDS veranstaltet in Duisburg einen Tag der Mütter gegen die Atomgefahr. Rund 1.000 Frauen sind zu dieser Konferenz erschienen, darunter Teilnehmerinnen aus Belgien, Frankreich, den Niederlanden und Australien. Rednerinnen sind u.a. die ehemalige Bundestagsabgeordnete der Zentrumspartei, Thea Arnold, sowie die Physikerin und Vorsitzende des Deutschen Frauenrats, Frieda Engl.

Die Teilnehmerinnen sprechen sich für die Unterzeichnung des *Wiener Appells* gegen den Atomkrieg aus. Ferner wird die Bundesregierung aufgefordert, die Ratifizierung der Pariser Verträge zu überdenken.

Der Abschluss des Staatsvertrags bedeutet die Neutralität Österreichs. Diese Neutralisierung wird von der Friedensbewegung (z.B. Gustav Heinemann, Diether Posser, Theodor Michaltscheff, Helmut Bausch, Manfred Röhling) der Bundesrepublik in der Folgezeit positiv aufgenommen und als Modellfall angesehen.

21. Mai

Bereits zum zweiten Mal vertreibt die Bevölkerung der Ortschaft Auenhausen (westlich der Weser) einen Bautrupp, der auf ihren Feldern mit der Ausschachtung zum Bau einer amerikanischen Radarstation beginnen will.

25. Mai

In Moskau erhält der Schriftsteller Bertolt Brecht den Stalin-Preis *Für Frieden und Verständigung zwischen den Völkern*.

7. Juni

Bundesministerium für Verteidigung gegründet.

9. Juni

Auf einer Tagung des DEUTSCHEN FRIEDENSRATES in Berlin-Ost übergeben Betriebsdelegationen Mappen mit Tausenden von Unterschriften für den *Wiener Appell*. Bereits am 27. Mai hatte der Präsident dieser Organisation, Walter Friedrich, bekannt gegeben, dass 12.532.049 Menschen der DDR diesen Aufruf unterschrieben haben.

20. Juni

Die Delegierten der Sozialistischen Jugend Deutschlands – Die Falken beschließen auf ihrer Bundestagung in Kiel, diejenigen zu unterstützen, die den Wehrdienst aus Gewissensgründen ablehnen.

20.-22. Juni

Auf einer Tagung der Evangelischen Akademie in Loccum kommt es während einer Rede des Münchner Publizisten Erich Kuby zum Eklat. Kuby kritisiert die Wiederbewaffnung und den politischen Stil Adenauers. Krieg im Atomzeitalter sei eine Selbstvernichtung, der Soldatenberuf unehrenhaft. Die Tagung spaltet sich in Befürworter und Gegner der Thesen Kubys. Der Atomphysiker und Nobelpreisträger Max Born bemerkt in seinem Referat, dass die Menschheit heute durch Atomwaffen ausgelöscht werden könne. In der atomaren Epoche gebe es nur die Wahl zwischen Koexistenz und Nichtexistenz.

22.-29. Juni

Am Weltfriedenskongress in Helsinki nehmen 1.840 Delegierte aus 68 Ländern teil, darunter auch eine gesamtdeutsche Delegation mit 130 Personen. In einer Resolution wird eine imperialistische Politik verurteilt und zur friedlichen Koexistenz von Staaten mit unterschiedlichen Gesellschaftsordnungen aufgerufen.

7.-10. Juli

In Lausanne findet der Weltkongress der Mütter gegen den Krieg, für Abrüstung und Völkerfreundschaft mit 1.200 Frauen, darunter 180 aus der Bundesrepublik, statt.

8. Juli

Die Organisatoren der Paulskirchenbewegung veröffentlichen einen Appell an die bevorstehende Viermächtekonferenz in Genf. Darin werden die Siegermächte aufgefordert, die Eingliederung der beiden deutschen Staaten in die zwei Militärblöcke zu überdenken. Dadurch könne die Wiedervereinigung ermöglicht werden.

9. Juli

Das *Russell-Einstein-Manifest*, das den Krieg, insbesondere den Einsatz atomarer Waffen ächtet, wird in London durch Bertrand Russell vorgestellt.

12.-15. Juli

Auf der Insel Mainau greifen 18 Nobelpreisträger das *Russell-Einstein-Manifest* auf und beschließen einen *Mainauer Appell* zur Gewaltverzicht in der Politik. Auch die am Bodensee versammelten Wissenschaftler warnen eindringlich vor den Folgen eines atomaren Krieges. Bis zum Jahresende unterzeichnen 51 Nobelpreisträger den *Mainauer Appell*. Am 30. Juli unterstützt auch die westdeutsche Rektorenkonferenz diesen Appell zum Gewaltverzicht in der Politik. Dieser Stellungnahme schließen sich wiederum am 13. August in Rostock-Warnemünde die Rektoren der DDR-Universitäten an.

15. Juli

In den Räumen des WESTDEUTSCHEN FRIEDENSKOMITEES und des LANDESFRIEDENSKOMITEES NRW finden Hausdurchsuchungen statt. Gegen die Vorsitzende des WESTDEUTSCHEN FRIEDENSKOMITEES, die ehemalige Sozialdemokratin Edith Hoereth-Menge, und den kommunistischen Pfarrer Erwin Eckert werden Verfahren wegen „Vorbereitung zum Hochverrat" eingeleitet.

17. Juli

Ein mit Rüstungsgegnern besetztes Boot legt in der Nacht an der Lahnbrücke in Wetzlar an. Die Männer brechen die Sicherheitstüren auf und gießen die kürzlich eingebauten Sprengkammern mit Beton aus.

18. Juli

Anlässlich des Beginns der Viermächtekonferenz in Genf demonstrieren Studierende in mehreren Städten der Bundesrepublik für die Wiedervereinigung.

29.-31. Juli

Auf dem 9. Sozialistischen Jugendtag in Dortmund wenden sich Tausende von jungen sozialistischen Menschen gegen die Wiederbewaffnung und die Einführung der allgemeinen Wehrpflicht. Zum Abschluss demonstrieren 12.000 Jugendliche gegen die Rekrutierung.

31. Juli-14. August

In Warschau finden die V. Weltjugendfestspiele mit 30.000 jungen Menschen aus 114 Nationen statt, darunter auch 3000 Personen einer gemeinsamen Delegation aus den beiden deutschen Staaten. Die Hauptparole lautet: *Nieder mit dem Hass für immer!*

3. August

In London findet eine internationale Konferenz von Atomwissenschaftlern statt. Ein Organisator ist Bertrand Russell, der einen Ausschuss führender Wissenschaftler vorschlägt, der einen Bericht über die Atomenergie erstellen und der Öffentlichkeit vorlegen soll.

6. August

In Hiroshima findet die I. Weltkonferenz gegen Atom- und Wasserstoffbomben statt.

24. August

Auf einer Versammlung der DEUTSCHEN FRIEDENSGESELLSCHAFT in Berlin-West fordert der Darmstädter Studentenpfarrer Herbert Mochalski die Anerkennung der DDR, die Aufnahme sofortiger Verhandlungen zwischen beiden deutschen Staaten sowie die Entsendung einer gesamtdeutschen Delegation zur Genfer Viermächtekonferenz.

12. September

In Düsseldorf demonstrieren Mitglieder des DEMOKRATISCHEN FRAUENBUNDES DEUTSCHLANDS anlässlich der Moskau-Reise des Bundeskanzlers Adenauer für Frieden und Verständigung.

25. September

In Wiesbaden verabschiedet der Verband Deutscher Physikalischer Gesellschaften auf seiner Jahrestagung eine Resolution, wonach der Krieg als politisches Instrument grundsätzlich abgelehnt wird.

26. September

Das Landgericht Düsseldorf spricht die katholische Schriftstellerin und Pazifistin Christa Thomas frei. Sie war als Präsidiumsmitglied des HAUPTAUSSCHUSSES FÜR DIE VOLKSBEFRAGUNG GEGEN DIE REMILITARISIERUNG DEUTSCHLANDS in den Jahren 1951 und 1952 als Mitglied einer verfassungsfeindlichen Organisation angeklagt worden.

7.-9. Oktober

Ein Schwerpunkt der Bundestagung der DEUTSCHEN FRIEDENSGESELLSCHAFT stellt die Atomproblematik dar. In einer öffentlichen Veranstaltung referiert der Hamburger Atomwissenschaftler Hans Schimank über die großen Gefahren der Wasserstoff- und Kobaltbomben. Fritz Wenzel verweist darauf, dass es in einem Atomkrieg keinen Schutz und keine Sicherheit gebe.

21.-23. Oktober

Im Zentrum der X. SDS-Delegiertenkonferenz in Göttingen stehen Fragen des Ost-West-Kontakts, der Fortsetzung des Protests gegen die Wiederbewaffnung und die Stellung zum Recht auf Kriegsdienstverweigerung.

4. November

Klara-Marie Faßbinder stellt als Vertreterin der Friedensbewegung auf einer Pressekonferenz eine Erklärung zur Deutschlandfrage vor, die den Teilnehmern der Viermächte-Konferenz (27. Oktober-16. November) überreicht wird.

15. November

Der Mitarbeiter von Victor Agartz beim Wirtschaftswissenschaftlichen Institut des DGB in Köln, Theo Pirker, erhält von der Geschäftsführung die Kündigung. Pirker hatte am 15. Februar die Zurückhaltung des DGB-Bundesvorstandes im Zusammenhang mit den Protesten gegen die Pariser Verträge kritisiert.

26. November

Auf einer Tagung in Duisburg, an der mehrere hundert Menschen teilnehmen, wird der ARBEITSRING FÜR DEUTSCHE WIEDERVEREINIGUNG UND VÖLKERVERSTÄNDIGUNG gegründet.

11.-13. Dezember

Der WELTFRIEDENSRAT spricht sich in Helsinki dafür aus, dass die Bemühungen um internationale Abrüstungsschritte und die Abschaffung der Atomwaffen weitergehen müsse, auch wenn die Genfer Viermächte-Konferenz gescheitert sei.

12./13. Dezember

Das Zentralbüro der seit 1951 in der Bundesrepublik verbotenen FDJ verabschiedet auf seiner 16. Tagung in Düsseldorf einen *Ruf zur Tat*, der die westdeutschen Jugendlichen zu Protesten gegen die allgemeine Wehrpflicht aufruft.

21. Dezember

Der Vorsitzende des BUNDES DER DEUTSCHEN, Joseph Wirth, erhält in Moskau den Stalin-Preis *Für die Festigung des Friedens zwischen den Völkern*.

Weiterführende Quellen und Literatur (in Auswahl)

Albrecht, Ulrich: Die Wiederaufrüstung der Bundesrepublik. Köln 1980

Appelius, Stefan: Zur Geschichte des kämpferischen Pazifismus. Die programmatische Entwicklung der Deutschen Friedensgesellschaft 1929–1956. Oldenburg 1988

Ders.: Pazifismus in Westdeutschland. Die Deutsche Friedensgesellschaft 1945–1968. Bd. 1. Aachen 1991

Armeen und ihre Deserteure. Vernachlässigte Kapitel einer Militärgeschichte der Neuzeit. Hg. von Ulrich Bröckling und Michael Sikora. Göttingen 1998

Arndt, Claus: Der SDS und die Wehrfrage 1953, in: Militärgeschichtliche Mitteilungen, 54, 1995, 513-524

Bald, Detlev: Hiroshima, 6. August 1945. Die nukleare Bedrohung. München 1999

Ders.: Die Bundeswehr. Eine kritische Geschichte 1955–2055. München 2005

Ders./Wolfram Wette (Hg.): Friedensinitiativen in der Frühzeit des Kalten Krieges 1945–1955. Essen 2010

Dies. (Hg.): Alternativen zur Wiederbewaffnung. Friedenskonzeptionen in Westdeutschland 1945–1955. Essen 2008

Becker, Johannes M.: Die Remilitarisierung der Bundesrepublik Deutschland und das deutsch-französische Verhältnis. Die Haltung führender Offiziere (1945–1955). Marburg 1987

Bernhard, Patrick/Holger Nehring (Hg.): Den Kalten Krieg denken. Beiträge zur sozialen Ideengeschichte seit 1945. Essen 2014

Bielfeldt, Carola: Rüstungsausgaben und Staatsinterventionismus. Das Beispiel der Bundesrepublik Deutschland 1950–1971. Frankfurt am Main 1977

Blattmann, Ekkehard/Klaus Mönig (Hg.): Über den „Fall Reinhold Schneider". München 1990

Blöcher, Karl: Der Widerstandskampf der westdeutschen Bevölkerung gegen Remilitarisierung und atomare Aufrüstung. Berlin 1959

Boll, Friedhelm: Visionen hannoverscher Schüler von Weltfrieden und Weltbürgertum. Ein Beitrag zur praktischen Schülerarbeit in Hannover und Hustedt um 1950, in: Paul Ciupke/Franz-Josef Jelich (Hg.): Ein neuer Anfang. Politische Jugend- und Erwachsenenbildung in der westdeutschen Nachkriegsgesellschaft. Essen 1999, 67-83

Bothien, Horst-Pierre: Auf zur Demo! Straßenprotest in der ehemaligen Bundeshauptstadt Bonn 1949–1999. Eine Dokumentation. Essen 2009

Brünneck, Alexander von: Politische Justiz gegen Kommunisten in der Bundesrepublik Deutschland 1949–1968. Frankfurt am Main 1978

Bredthauer, Karl D.: Dokumentation zur Wiederaufrüstung der Bundesrepublik. Köln 1980

Brunner, Benedikt u. a. (Hg.): „Sagen, was ist." Walter Dirks in den intellektuellen und politischen Konstellationen Deutschlands und Europas. Bonn 2019

Buddrus, Michael: Die Organisation „Dienst für Deutschland." Arbeitsdienst und Militarisierung in der DDR. Weinheim und München 1994

Bücker, Vera: Klara Maria Faßbinder (1890–1974). Unermüdliche Kämpferin für den Frieden, in: Christen an der Ruhr. Hg. von Alfred Pothmann und Raimund Haas, Band 2, Bottrop, Essen, 2002, 92-105

Buro, Andreas: Gewaltlos gegen Krieg. Lebenserinnerungen eines Pazifisten. Frankfurt am Main 2011

Ders.: Totgesagte leben länger. Von der Ost-West-Konfrontation zur zivilen Konfliktbearbeitung. Idstein 1997

Burrichter, Clemens/Detlef Nakath/Gerd-Rüdiger Stephan (Hg.): Deutsche Zeitgeschichte von 1945 bis 2000. Gesellschaft – Staat – Politik. Ein Handbuch. Zeittafel, Bibliographie und Personenverzeichnis auf CD-Rom. Berlin 2006

Butterwegge, Christoph: Friedenspolitik in Bremen nach dem Zweiten Weltkrieg. Bremen 1989

Ders./Heinz-Gerd Hofschen: Sozialdemokratie, Krieg und Frieden. Die Stellung der SPD zur Friedensfrage von den Anfängen bis zur Gegenwart. Eine kommentierte Dokumentation. Heilbronn 1984

Carter, April: Peace Movements. International Protest and World Politics Since 1945. London 1992

Cioc, Mark: Pax Atomica. Nuclear Defense Debate in West Germany during the Adenauer Era. New York 1988

Coppi, Hans/Nicole Warmbold (Hg.): 60 Jahre Vereinigung der Verfolgten des Naziregimes. Lesebuch zu Geschichte und Gegenwart der VVN. Berlin 2007

Corum, James S. (Hg.): Rearming Germany. Leiden, Boston 2011

Dale, Gareth: Popular Protest in East Germany, 1945–1989. London 2005

Diedrich, Torsten: Gegen Aufrüstung, Volksunterdrückung und politische Gängelei. Widerstandsverhalten und politische Verfolgung in der Aufbau- und Konsolidierungsphase der DDR-Streitkräfte 1948–1968, in: Rüdiger Wenzke (Hg.): Staatsfeinde in Uniform? Widerständiges Verhalten und politische Verfolgung in der NVA. Berlin 2005, 31–195

Ders./Rüdiger Wenzke: Die getarnte Armee. Geschichte der Kasernierten Volkspolizei der DDR 1952 bis 1956. Berlin ²2003

Dies./Hans Ehlert (Hg.): Im Dienste der Partei. Handbuch der bewaffneten Kräfte der DDR. Berlin 1998

Dietzfelbinger, Eckart: Die westdeutsche Friedensbewegung 1948 bis 1955. Die Protestaktionen gegen die Remilitarisierung der Bundesrepublik Deutschland. Köln 1984

Döring, Jörg/Felix Römer/Rolf Seubert: Alfred Andersch desertiert. Fahnenflucht und Literatur (1944–1952). Berlin 2015

Doering-Manteuffel, Anselm: Katholizismus und Wiederbewaffnung. Die Haltung der deutschen Katholiken gegenüber der Wehrfrage 1948–1955. Mainz 1981

Dohse, Rainer: Der Dritte Weg. Neutralitätsbestrebungen in Westdeutschland zwischen 1945 und 1955. Hamburg 1974

Donat, Helmut/Karl Holl (Hg.): Die Friedensbewegung. Organisierter Pazifismus in Deutschland, Österreich und in der Schweiz. Düsseldorf 1983

Drummond, Gordon Douglas: The German Social Democrats in Opposition, 1949–1960. The Case Against Rearmament. Norman 1982

Düringer, Hermann/Martin Stöhr (Hg.): Martin Niemöller im Kalten Krieg. Die Arbeit für Frieden und Gerechtigkeit damals und heute. Frankfurt am Main 2001

Dungen, Peter van den: West European Pacifism and the Strategy for Peace. London 1985

Ebert, Theodor: Ziviler Ungehorsam. Von der APO zur Friedensbewegung. Waldkirch 1984

Einstein, Albert: Über den Frieden. Weltordnung oder Weltuntergang? Hg. von Otto Nathan und Heinz Norden. Bern 1975

Eisenfeld, Bernd/Peter Schicketanz: Bausoldaten in der DDR. Die „Zusammenführung feindlich-negativer Kräfte" in der NVA. Berlin Berlin 2011

Eßer, Albert: Wilhelm Elfes (1884–1969). Mainz 1990

Eugster, David/Sybille Marti (Hg.): Das Imaginäre des Kalten Krieges. Beiträge zu einer Kulturgeschichte des Ost-West-Konfliktes in Europa. Essen 2015

Evangelische Kirche in Deutschland und die Wiederaufrüstungsdiskussion in der Bundesrepublik 1950-1955. Hg. von Wolf Werner Rausch und Christian Walther. Gütersloh 1978

Faßbinder, Klara Marie: Begegnungen und Entscheidungen. Darmstadt 1961

Florath, Bernd (Hg.): Annäherungen an Robert Havemann. Biographische Studien und Dokumente. Göttingen 2016

Foschepoth, Josef: Verfassungswidrig! Das KPD-Verbot im Kalten Bürgerkrieg. Göttingen 2017

Friese, Elisabeth: Helene Wessel (1898–1969). Von der Zentrumspartei zur Sozialdemokratie. Essen 1993

Fülberth, Georg: Geschichte der Bundesrepublik in Quellen und Dokumenten. Köln ²1983

Gallus, Alexander: Die Neutralisten. Verfechter eines vereinten Deutschland zwischen Ost und West 1945-1990. Düsseldorf ²2006

Gassert, Philipp: Bewegte Gesellschaft. Deutsche Protestgeschichte seit 1945. Stuttgart 2019

„Geistige Gefahr" und „Immunisierung der Gesellschaft". Antikommunismus und politische Kultur in der frühen Bundesrepublik. Im Auftrag des Instituts für Zeitgeschichte München hg. von Stefan Creuzberger und Dierk Hoffmann. München 2014

Gerster, Daniel: Von Pilgerfahrten zu Friedensmärschen? Zum Wandel des katholischen Friedensengagements in den USA und der Bundesrepublik Deutschland 1945–1990, in: Archiv für Sozialgeschichte 51, 2011, 311–342

Geyer, Michael: Deutsche Rüstungspolitik 1860-1980. Frankfurt am Main 1984

Ders.: Der Kalte Krieg, die Deutschen und die Angst. Die westdeutsche Opposition gegen Wiederbewaffnung und Kernwaffen, in: Klaus Naumann (Hg.): Nachkrieg in Deutschland. Hamburg 2001, 267–318

Glaser, Günther: „Niemand von uns wollte wieder eine Uniform anziehen ...". Konflikte in der Kasernierten Volkspolizei (Mitte 1948 bis Anfang 1952), in: Befremdlich anders. Leben in der DDR. Hg. von Evemarie Badstübner. Berlin 2000, 312–348

Greiner, Bernd/Christian Th. Müller/Dierk Walter (Hg.): Angst im Kalten Krieg. Hamburg 2009

Grotefeld, Stefan: Friedrich Siegmund-Schultze. Ein deutscher Ökumeniker und christlicher Pazifist. Gütersloh 1995

Grünewald, Guido: Die Internationale der Kriegsgegner (IdK). Ihre Geschichte 1945 bis 1968. Köln 1982

Ders. (Hg.): Nieder die Waffen! Hundert Jahre Deutsche Friedensgesellschaft (1892–1992). Bremen 1992

Ders.: Zur Geschichte der Kriegsdienstverweigerung. Essen ²1982

Habicht, Hubert (Hg.): Eugen Kogon – ein politischer Publizist in Hessen. Essays, Aufsätze und Reden zwischen 1946 und 1982. Frankfurt am Main 1982

Hannover, Heinrich: Die Republik vor Gericht 1954–1974. Erinnerungen eines unbequemen Anwalts. Berlin 1998

Hartwig, Matthias/Bernhard Moltmann: Neutralität und Bewaffnung. Die Diskussion in der Bundesrepublik bis 1955. Eine Dokumentation. Heidelberg 1986

Haumann, Arnold: „Gott mit uns?" Zwischen Weltkrieg und Wende. Widerspruch eines politisch engagierten Theologen. Köln 1992

Heinemann, Gustav W.: Es gibt schwierige Vaterländer ... Aufsätze und Reden 1919–1969. Hg. von Helmut Lindemann. München 1988

Heipp, Günther (Hg.): Es geht ums Leben! Der Kampf gegen die Bombe 1945–1965. Hamburg 1965

Herms, Michael/Karla Popp: Westarbeit der FDJ 1949 bis 1989. Dokumentation. Berlin 1997

Herrmann, Ulrich (Hg.): Protestierende Jugend. Jugendopposition und politischer Protest in der deutschen Nachkriegsgeschichte. Weinheim und München 2002

Herz, Christian: Kein Frieden mit der Wehrpflicht. Entstehungsgeschichte, Auswirkungen und Abschaffung der allgemeinen Wehrpflicht. Münster 2003

Hirsch, Kurt: SPD und Wiederaufrüstung, in: Blätter für deutsche und internationale Politik, 7, 1962, 448–454

Hodenberg, Christina von: Konsens und Krise. Eine Geschichte der westdeutschen Medienöffentlichkeit 1945–1973. Göttingen 2006

Höfner, Karlheinz: Die Aufrüstung Westdeutschlands. Willensbildung, Entscheidungsprozesse und Spielräume westdeutscher Politik 1945 bis 1950. München 1990

Hörster-Philipps, Ulrike: Joseph Wirth 1879–1956. Eine politische Biographie. Paderborn u.a. 1998

Hoffmann, Dieter (Hg.): Robert Havemann. Dokumente eines Lebens. Berlin 1991

Holl, Karl: Pazifismus in Deutschland. Frankfurt am Main 1988

Holmes Cooper, Alice: Paradoxes of Peace. German Peace Movements Since 1945. Ann Arbor 1996

Horstmann, Johannes (Hg.): 75 Jahre katholische Friedensbewegung in Deutschland. Zur Geschichte des „Friedensbundes Deutscher Katholiken" und von „Pax Christi". Schwerte 1995

IPPNW (Hg.): Radioaktive Verseuchung von Himmel und Erde. Atomwaffentests unter, auf und über der Erde. Auswirkungen auf Gesundheit und Umwelt. Berlin 1992

Jäger, Uli/Michael Schmid-Vöhringer: „Wir werden nicht Ruhe geben...". Die Friedensbewegung in der Bundesrepublik Deutschland 1945 bis 1982. Tübingen 1982

Jahnke, Karl Heinz: 26. Juni 1951. Das Verbot der Freien Deutschen Jugend. Essen 1996

Jobke, Barbara: Aufstieg und Verfall einer wertorientierten Bewegung. Dargestellt am Beispiel der Gesamtdeutschen Volkspartei. Tübingen 1974

Josephson, Harold (Hg.): Biographical Dictionary of Modern Peace Leaders. Westport, London 1985

Judt, Matthias (Hg.): DDR-Geschichte in Dokumenten. Bonn 1998

Kadereit, Ralf: Karl Jaspers und die Bundesrepublik Deutschland. Politische Gedanken eines Philosophen. München 1999

Kammerer, Gabriele: Aktion Sühnezeichen Friedensdienste. Aber man kann es einfach tun. Göttingen 2008

Kettig, Alma: Verpflichtung zum Frieden. Oldenburg 1990

Klein, Angelika: Das Deutsche Komitee der Kämpfer für den Frieden, in: Provisorium für längstens ein Jahr. Protokoll des Kolloquiums Die Gründung der DDR. Hg. von Elke Scherstjanoi. Berlin 1993, 172–177

Kleßmann, Christoph: Die doppelte Staatsgründung. Deutsche Geschichte 1945–1955. 5. Auflage, Bonn 1991

ders./Bernd Stöver (Hg.): Der Koreakrieg. Wahrnehmung – Wirkung – Erinnerung. Köln 2008

Knorr, Lorenz: Geschichte der Friedensbewegung in der Bundesrepublik. Köln 1983

Koch, Diether: Heinemann und die Deutschlandfrage. München 1972

König, Waldemar/Klaus-Dieter Müller: Der Greifswalder Studentenstreik 1955, in: Deutschland Archiv, 27, 1994, 517–524

Koepcke, Cordula: Reinhold Schneider. Eine Biographie. Würzburg 1993

Köpper, Ernst-Dieter: Gewerkschaften und Außenpolitik. Die Stellung der westdeutschen Gewerkschaften zur wirtschaftlichen und militärischen Integration der Bundesrepublik in die Europäische Gemeinschaft und in die NATO. Frankfurt am Main, New York 1982

KPD 1945–1968. Dokumente. Hg. von Günter Judick, Josef Schleifstein und Kurt Steinhaus. 2 Bände. Neuss 1989

Kraschutzki, Heinz: Staatsgefährdung? Ein dokumentarischer Bericht über den Düsseldorfer Prozeß gegen Angehörige des Friedenskomitees der Bundesrepublik Deutschland. Hannover 1961

Krause, Fritz: Antimilitaristische Opposition in der BRD 1949–1955. Frankfurt am Main 1971

Kraushaar, Wolfgang: Die Protest-Chronik 1949–1959. Eine illustrierte Geschichte von Bewegung, Widerstand und Utopie. 4 Bände. Hamburg 1996

Krölls, Albert: Kriegsdienstverweigerung. Das unbequeme Grundrecht. Frankfurt am Main 1980

Kurscheid, Raimund: Kampf dem Atomtod! Schriftsteller im Kampf gegen eine deutsche Atombewaffnung. Köln 1981

Kühne, Thomas (Hg.): Von der Kriegskultur zur Friedenskultur? Zum Mentalitätswandel in Deutschland seit 1945. Münster 2000

Küster, Ingeborg/Elly Steinmann: Die Westdeutsche Frauenfriedensbewegung (WFFB), in: Florence Hervé (Hg.): Geschichte der deutschen Frauenbewegung. Köln 1995, 224–234

Large, David Clay: Germans to the Front. West German Rearmament in the Adenauer Era. Chapel Hill 1996

Lernen aus dem Krieg? Deutsche Nachkriegszeiten 1918 und 1945. Beiträge zur historischen Friedensforschung. Hg. von Gottfried Niedhart und Dieter Riesenberger. München 1992

Leudesdorff, René: Wir befreiten Helgoland. 4. Auflage Stade 2007

Lindemann, Rolf/Werner Schultz: Die Falken in Berlin. Geschichte und Erinnerung. Jugendopposition in den 50er Jahren. Eine historisch-pädagogische Untersuchung zur Arbeiterjugendbewegung mit Fotocollagen von Bruno Hübner. Berlin 1987

Lipp, Karlheinz/Reinhold Lütgemeier-Davin/Holger Nehring (Hg.): Frieden und Friedensbewegungen in Deutschland 1892–1992. Essen 2010

Lotz, Martin: Evangelische Kirche 1945–1952. Die Deutschlandfrage. Tendenzen und Positionen. Stuttgart 1992

Löwke, Udo F.: Für den Fall, daß … Die Haltung der SPD zur Wehrfrage 1949–1955. Hannover 1969

Ludwig, Ralph: Der Querdenker. Wie Helmut Gollwitzer Christen für den Frieden gewann. Berlin 2008

Mai, Gunther: Westliche Sicherheitspolitik im Kalten Krieg. Der Korea-Krieg und die westdeutsche Wiederbewaffnung 1950. Boppard 1977

Mandel, Jochen: Als Philipp Müller starb, in: Geschichte in Geschichten. Ein bundesdeutsches Lesebuch. Hg. von Fritz Noll und Rutger Booß. Dortmund 1980, 50–58

May, John: Das Greenpeace-Handbuch des Atomzeitalters. Daten – Fakten – Katastrophen. München 1989

Merzyn, Friedrich (Hg.): Kundgebungen: Worte und Erklärungen der Evangelischen Kirche in Deutschland 1945–1959. Hannover 1993

Meyer, Helga: Women's Campaigns Against West-German Rearmament 1949–1955. Boulder 1989

Meyer-Magister, Hendrik: Wehrdienst und Verweigerung als komplementäres Handeln. Individualisierungsprozesse im bundesdeutschen Protestantismus der 1950er Jahre. Tübingen 2019

Michaltscheff, Theodor: Die unverwüstliche Opposition – Geschichte der bundesdeutschen Friedensbewegung 1945–1960. Aus dem Nachlass hg. von Stefan Appelius. Oldenburg 1994

Militärgeschichtliches Forschungsamt (Hg.): Entmilitarisierung und Aufrüstung in Mitteleuropa 1945–1956. Herford, Bonn 1983

Mrozek, Sebastian: Hans Werner Richter. Zum Prosawerk eines verkannten Schriftstellers. Frankfurt am Main 2005

Mühlen, Patrick von zur: Der „Eisenberger Kreis". Jugendwiderstand und Verfolgung in der DDR 1953–1958. Bonn 1995

Müller, Christian Th./Dierk Walter (Hg.): 'Ich dien' nicht!' Wehrdienstverweigerung in der Geschichte. Berlin 2008

Müller, Josef: Die Gesamtdeutsche Volkspartei. Entstehung und Politik unter dem Primat nationaler Wiedervereinigung 1950–1957. Diss. Regensburg 1987

Nehring, Holger: The Politics of Security. The British and West German Protests against Nuclear Weapons and the Social History of the Cold War. Oxford 2010

Neubert, Ehrhart: Geschichte der Opposition in der DDR 1949–1989. Bonn ²2000

„Nieder die Waffen – die Hände gereicht!" Friedensbewegung in Bremen 1898–1958. Hg. im Auftrag des Staatsarchivs Bremen von Helmut Donat und Andreas Röpcke. Bremen 1989

Niemöller, Jan: Erkundung gegen den Strom. 1952, Martin Niemöller reist nach Moskau. Eine Dokumentation. Stuttgart 1988

Niemöller, Martin: Reden, Band I, 1945–1954. Darmstadt 1956

ders.: Reden, Band II, 1955–1957. Darmstadt 1957

Nödinger, Ingeborg: Frauen gegen Wiederaufrüstung. Der Demokratische Frauenbund Deutschland im antimilitaristischen Widerstand (1950–1957). Frankfurt am Main 1983

Notz, Gisela: Klara Marie Faßbinder (1890–1974) und die Westdeutsche Frauenfriedensbewegung (WFFB), in: Franziska Dunkel/Corinna Schneider (Hg.): Frauen und Frieden? Zuschreibungen – Kämpfe – Verhinderungen. Leverkusen, Opladen 2015, 87–102

Nübel, Christoph (Hg.): Dokumente zur deutschen Militärgeschichte 1945–1990. Bundesrepublik und DDR im Ost-West-Konflikt. Berlin 2019

Oboth, Jens: Pax Christi Deutschland im Kalten Krieg 1945–1957. Gründung, Selbstverständnis und „Vergangenheitsbewältigung". Paderborn 2017

Otto, Karl A.: Der Widerstand gegen die Wiederbewaffnung, in: Reiner Steinweg (Red): Unsere Bundeswehr? Zum 25jährigen Bestehen einer umstrittenen Institution. Frankfurt am Main 1981, 52–105

Pangritz, Andreas: „Der ganz andere Gott will eine ganz andere Gesellschaft". Das Lebenswerk Helmut Gollwitzers (1908–1993). Stuttgart 2018

Pehnke, Andreas: Widerständige sächsische Schulreformer im Visier stalinistischer Politik (1945–1959). Frankfurt am Main 2008

Permin, Andreas: Protestantismus und Wiederbewaffnung 1950–1955. Die Kritik der evangelischen Kirche im Rheinland und der evangelischen Kirche von Westfalen an Adenauers Wiederbewaffnungspolitik. Zwei regionale Fallstudien. Köln 1994

Pirker, Theo: Die blinde Macht. Die Gewerkschaftsbewegung in Westdeutschland. 2 Bände. München 1960

Posser, Diether: Anwalt im Kalten Krieg. Ein Stück deutscher Geschichte in politischen Prozessen 1951–1968. München 1991

Quellen zur Geschichte der deutschen Gewerkschaftsbewegung im 20. Jahrhundert. Hg. von Klaus Schönhoven und Hermann Weber, Band 11. Der Deutsche Gewerkschaftsbund 1949 bis 1956, bearbeitet von Josef Kaiser. Köln 1996

Quitzow, Wilhelm: Naturwissenschaftler zwischen Krieg und Frieden. Düsseldorf 1986

Recht ist, was den Waffen nützt. Justiz und Pazifismus im 20. Jahrhundert. Hg. von Helmut Kramer und Wolfram Wette. Berlin 2004

Reuter, Elke/Detlef Hansel: Das kurze Leben der VVN von 1947 bis 1953. Die Geschichte der Vereinigung der Verfolgten des Naziregimes in der sowjetischen Besatzungszone und in der DDR. Berlin 1997

Riesenberger, Dieter: Franziskus Maria Stratmann (1883–1971). Zur Grundlegung katholischen Friedenshandelns, in: Ders.:/Christiane Rajewski (Hg.): Wider den Krieg. Große Pazifisten von Immanuel Kant bis Heinrich Böll. München 1987, 126–132

Roth, Roland/Dieter Rucht (Hg.): Die sozialen Bewegungen in Deutschland seit 1945. Ein Handbuch. Frankfurt am Main 2008

Rupp, Hans Karl: Außerparlamentarische Opposition in der Ära Adenauer. Der Kampf gegen die Atombewaffnung in den fünfziger Jahren. Köln 1970

Ruprecht, Thomas M./Christian Jenssen (Hg.): Äskulap oder Mars? Ärzte gegen den Krieg. Bremen 1991

Sachse, Christian: Nach dem Krieg ist vor dem Sieg. Wehrerziehung in der DDR 1952–1978, in: Thomas Widera (Hg.): Pazifisten in Uniform. Die Bausoldaten im Spannungsfeld der SED-Politik 1964–1989. Göttingen 2004, 43–71

Schlaga, Rüdiger: Die Kommunisten in der Friedensbewegung – erfolglos? Die Politik des Weltfriedensrates im Verhältnis zur Außenpolitik der Sowjetunion und zu unabhängigen Friedensbewegungen im Westen 1950–1979. Münster 1991

Ders.: Peace Movements as a Party's Tool? The Peace Council of the German Democratic Republic, in: Towards a Comparative Analysis of Peace Movements. Ed. by Katsuya Kodama and Unto Vesa. Aldershot 1990, 129–146

Schmidt, Michael: Die Falken in Berlin. Antifaschismus und Völkerverständigung. Berlin 1987

Schneider, Reinhold: Einberufung zum Frieden. Hg. von Hans-Jürgen Schultz. Gütersloh 1978

Schorlemmer, Friedrich: Genie der Menschlichkeit. Albert Schweitzer. Berlin 2009

Schubert, Klaus von: Wiederbewaffnung und Westintegration. Die innere Auseinandersetzung um die militärische und außenpolitische Orientierung der Bundesrepublik von 1950–1952. Stuttgart 1970

Schütz, Uwe: Gustav Heinemann und das Problem des Friedens im Nachkriegsdeutschland. Münster 1993

Schwartz, Stephen I. (Hg.): Atomic Audit. The Costs and Consequences of U.S. Nuclear Weapons since 1940. Washington, D.C. 1998

Schweitzer, Albert: Friede oder Atomkrieg. München ²1982

Siegmund-Schultze, Friedrich: Friedenskirche, Kaffeeklappe und die ökumenische Vision. Texte 1910–1969. München 1990

Sommer, Karl-Ludwig: Wiederbewaffnung im Widerstreit von Landespolitik und Parteilinie. Senat, SPD und die Diskussion um die Wiederbewaffnung in Bremen und im Bundesrat 1948/49 bis 1957/58. Bremen 1988

Steininger, Rolf: Deutsche Geschichte seit 1945. Darstellung und Dokumente in vier Bänden. Band 1: 1945–1947, Band 2: 1948–1955. Frankfurt am Main 1996

Stölken-Fitschen, Ilona: Atombombe und Geistesgeschichte. Eine Studie der fünfziger Jahre aus deutscher Sicht. Baden-Baden 1995

Stöver, Bernd: Der Kalte Krieg 1947–1991. Geschichte eines radikalen Zeitalters. Bonn 2007

Strohmeyr, Armin: Annette Kolb. Dichterin zwischen den Völkern. München 2017

Studentisches Aufbegehren in der frühen DDR. Der Widerstand gegen die Umwandlung der Greifswalder Medizinischen Fakultät in eine Militärmedizinische Ausbildungsstätte im Jahr 1955. Hg. von Heinz-Peter Schmiedebach und Karl-Heinz Spiess. Stuttgart 2001

Swiderski, Gabi: Die westdeutsche Frauen-Friedensbewegung in den 50er Jahren. Hamburg 1983

Thierfelder, Jörg/Matthias Riemenschneider: Gustav Heinemann. Christ und Politiker. Karlsruhe 1999

Thoß, Bruno (Hg.): Volksarmee schaffen – ohne Geschrei! Studien zu den Anfängen einer „verdeckten Aufrüstung" in der SBZ/DDR 1947–1952. München 1994

Tönnies, Norbert: Der Weg zu den Waffen. Die Geschichte der deutschen Wiederbewaffnung 1949–1961. Rastatt 1965

Treffke, Jörg: Gustav Heinemann. Wanderer zwischen den Parteien. Eine politische Biographie. Paderborn u.a. 2009

Vaterland, Muttersprache. Deutsche Schriftsteller und ihr Staat seit 1945. Offene Briefe, Reden, Aufsätze, Gedichte, Manifeste, Polemiken. Zusammengestellt von Klaus Wagenbach, Winfried Stephan, Michael Krüger und Susanne Schüssler. Berlin 3. Auflage 2004

Vogel, Johanna: Kirche und Wiederbewaffnung. Die Haltung der Evangelischen Kirche in Deutschland in den Auseinandersetzungen um die Wiederbewaffnung der Bundesrepublik 1949–1955. Göttingen 1978

Volle, Hermann/Claus-Jürgen Duisberg: Probleme der Internationalen Abrüstung. Die Bemühungen der Vereinten Nationen um internationale Abrüstung und Sicherheit 1945–1961. 2 Bände, Frankfurt am Main 1964

Von Buchenwald bis Hasselbach. Organisierter Antifaschismus 1945 bis heute. Hg. vom Präsidium der VVN-Bund der Antifaschisten. Köln 1987

Walis, Jim: Valiant for Peace. A History of the Fellowship of Reconciliation 1914–1989. London 1991

Wallmann, Eckhard: Helgoland. Eine deutsche Kulturgeschichte. Hamburg 2017

Walther, Christian (Hg.): Atomwaffen und Ethik. Der deutsche Protestantismus und die atomare Aufrüstung 1954–1961. Dokumente und Kommentare. München 1981

Weiß, Konrad: Lothar Kreyssig – Prophet der Versöhnung. Gerlingen 1998

Wengeler, Martin: Die Sprache der Aufrüstung. Zur Geschichte der Rüstungsdiskussionen nach 1945. Wiesbaden 1992

Werner, Michael: Die „Ohne mich"-Bewegung. Die bundesdeutsche Friedensbewegung im deutsch-deutschen Kalten Krieg (1949–1955). Münster 2006

Wernicke, Günter: The World Peace Council and the Antiwar Movements in East Germany, in: America, the Vietnam War and the World. Comparative and International Perspectives. Ed. by Andreas W. Daum/Lloyd C. Garner/Wilfried Mausbach. Cambridge, New York 2003, 299–319

Wettig, Gerhard: Entmilitarisierung und Wiederbewaffnung in Deutschland 1943–1955. Internationale Auseinandersetzungen um die Rolle der Deutschen in Europa. München 1967

Wieland, Lothar: Aus der Zeit ohne Armee. Ehemalige Wehrmachtsoffiziere im Umfeld des Pazifisten Fritz Küster. Essen 2009

Wippermann, Wolfgang: Heilige Hetzjagd. Eine Ideologiegeschichte des Antikommunismus. Berlin 2012

Wittner, Lawrence S.: The Struggle against the Bomb. Volume One. One World or None. A History of the World Nuclear Disarmament Movement Through 1953. Stanford 1993

Zander, Ernst: Die Kampagne gegen die Remilitarisierung in Deutschland. London 1952

Ziemann, Benjamin: Martin Niemöller. Ein Leben in Opposition. München 2019

ders.: (Hg.): Peace Movements in Western Europe, Japan and the USA during the Cold War. Essen 2008

Internet

www.jugendopposition.de/chronik

www.arbeiterjugend.de/images/stories/img/Grnewald_Guido_Pazifisten-im-Kalten-Krieg.pdf

[Letzter Zugriff jeweils am 11. April 2021]

Personenregister